武术套路

普修教程

梅汉超◎著

长江出版传媒
湖北科学技术出版社

图书在版编目（CIP）数据

武术套路普修教程 / 梅汉超主编 .—武汉：湖北科学技术出版社，2018. 10（2025.4 重印）
ISBN 978-7-5706-0460-9

Ⅰ. ①武…　Ⅱ. ①梅…　Ⅲ. ①套路（武术）—中国—教材　Ⅳ. ① G852

中国版本图书馆 CIP 数据核字（2018）第 196171 号

责任编辑：谭学军　　　封面设计：曾雅明

出版发行：湖北科学技术出版社　　　电话：027-87679468
地　　址：武汉市雄楚大街 268 号　　　邮编：430070
（湖北出版文化城 B 座 13-14 层）
网　　址：http://www.hbstp.com.cn

印　　刷：长沙鸿发印务实业有限公司　　　邮编：410100

700×1000　1/16　17.75 印张　300 千字
2018 年 10 月第 1 版　　　2025 年 4 月第 2 次印刷
定价：58.00 元

前　言

武术，是以肢体语言传承中国文化的活化石，在中华民族历史发展的长河中历经数千年，形成了融多种功能为一体、具有浓郁文化特征和民族色彩的民族传统体育项目。在实现“中国梦”的今天，武术更是作为传承和弘扬民族文化的重要载体，受到大众更为广泛的认同和喜爱。健康的体魄，高尚的品德是青少年一代为祖国和人民服务的基本前提，也是中华民族伟大复兴和旺盛生命力的体现。武术作为学校体育的重要组成部分，对造就既有强健体魄，又有良好素质和社会适应能力的优秀人才，有着不可替代的作用。

《武术套路普修教程》是在吸取已有教材优点的基础上，根据目前高等院校学生学习武术的具体情况，以及对武术学习与实践的迫切需要而编写的，具有较强的知识性、实用性和针对性。同时，本书在编写的过程中，既注重了学生了解武术、认识武术、热爱武术的培养过程，又强调了以武术基础知识的理解和基本技能的掌握为主线，这是一本以培养学生的品德、习武兴趣和热情为目的，构建以武术基础理论以及基本功和以拳术套路为主要内容结构的教材用书。

《武术套路普修教程》在编写的过程中，对部分高等院校武术教学的实际情况及教学内容做了一些调查与了解，在考虑高校学生习武实际需求的基础上，着重编写了武术基础理论和实践两大部分。本教材不仅适用于高等院校武术普修课教学，也适合广大青少年和武术爱好者自学与参考。由于编写水平有限，有些问题研究得不够深入，不妥之处在所难免，恳请读者提出宝贵意见。

本教材主编：梅汉超（第二、三、四、五、六章）；副主编：龙行年（第一章），王飞（第六章第三节）。

梅汉超

2017 年 12 月

目　　录

第一章　武术运动概述 ………………………………………………… (1)

第一节　武术的概念 …………………………………………………… (1)

第二节　武术的发展历史 ……………………………………………… (5)

第三节　武术的特点 …………………………………………………… (9)

第四节　武术的表现形式 ……………………………………………… (12)

第五节　武术的价值 …………………………………………………… (16)

第二章　武术套路教学 ………………………………………………… (20)

第一节　武术套路教学的内容与教学任务 …………………………… (20)

第二节　武术套路教学的原则和特点 ………………………………… (26)

第三节　武术套路教学的阶段和步骤 ………………………………… (34)

第四节　武术套路教学组织与方法 …………………………………… (39)

第三章　武术套路竞赛与规则知识 …………………………………… (60)

第一节　武术套路重大赛事 …………………………………………… (60)

第二节　武术套路竞赛制度 …………………………………………… (64)

第三节　武术套路竞赛规则知识 ……………………………………… (66)

第四章　武术套路创编与图解知识 …………………………………… (71)

第一节　武术套路创编 ………………………………………………… (71)

第二节　武术图解知识 ………………………………………………… (80)

第五章　武术基本功与基本动作 …………………………………… (85)

第一节　武术基本功 ……………………………………………… (85)

第二节　武术基本动作 ………………………………………… (122)

第三节　武术组合动作 ………………………………………… (167)

第六章　武术教学套路与教学要点 ………………………………… (188)

第一节　长拳二段(段位制长拳二段) ……………………… (188)

第二节　初级长拳(第三路) ………………………………… (219)

第三节　简化太极拳(二十四式) …………………………… (251)

第一章　武术运动概述

武术是以中华文化为理论基础，以技击方法为基本内容，以套路、格斗、功法为主要内容的传统体育运动项目。

第一节　武术的概念

一、武术概念的形成

中国武术在华夏土地上延绵了数千年，历史悠久并植根于民间。它来源于人们的生产实践、军事战争和社会活动，在中国文化的长期熏陶哺育下，具有鲜明的民族文化特色，世代相传，历久而不衰，逐渐成为民族传统体育运动项目。

“武术”一词最早出现在南朝梁武帝长子萧统所编《昭明文选》中，文中有诗句“偃闭武术，阐扬文令”（南朝宋·朱颜年《皇太子释奠会》），意指停止战争，宣扬文教。这里的“武术”泛指军事武力，并非反映今之武术的概念。我们从武术的“武”字进行分析：“武”字可以拆分为“止”和“戈”两个字；戈是古代的一种长兵器，动干戈就是打斗，就是战争，“止”就是停止的止，就是不要动武。那么，为什么“武”字的结构竟是“止戈”呢？《说文解字》的解释是：“楚庄王曰，夫武，定功戢兵，故止戈为武。”“戢兵”就是把兵器收藏起来，也就是说“武”的本义是收兵，所以“止戈”为“武”。这是中国武术的精神。

“武术”一词作为自卫强身之术的专门用语，在清末民初时才开始广泛应用。当时成立的与武术有关的社团，如精武体育会、中华武术会、中华武士会、武术传习所等都使用“武术”这一称谓。1914 年著名教育家徐一冰上书教育部“拟请于学校体操科内兼授中国旧有武术”，也采用了“武术”的称谓。《现代汉语词典》中对“武”字有多个义项，一是“关于军事或技击的。跟‘文’相对”；二是“勇猛，猛烈”；三是“搏斗，殴击”；四是“古时秦代长度单位以六步为尺，半步为武,也泛指脚步”。“武术”的“武”与前三种解释都有关联。《说文解字》中称“术”字为“邑中道也”,后引申为“技艺”,即方法、技术,如同道路,是通达目的的手段。由此,可以将当时的武术理解为:攻防格斗的技艺和方法,这其中除了包括军事技术中的一小部分内容外,更多的是流传于民间的格斗技艺,两者也有相互交融的内容。

20世纪前期,面对西方文化及其体育的强烈冲击,曾一度出现提倡“国粹”的思潮,20年代中后期,在强调民族精神教育思想的影响下,以武术为基础的尚武思潮再度高扬,很多人提出将武术改称“国术”。1927年,国民政法委员张之江发起,冯玉祥、于右任、蔡元培等人呼吁,在南京创立了国术研究馆,称“国术馆组设,原本救国之热忱,以期强种强国,而循至于民众均国术化”。1928年更名为南京中央国术馆,首次出现“国术”二字,后台湾沿用之。“国术”一词被广泛采用。被誉为“国术”的武术,成为与“国画”“国货”“国乐”“国药”“国医”等居于同等地位的内容。国术是对武术的尊称,凸显其强身卫国的重要性。关于国术还有另外一种说法:只杀敌,不表演的武术,就叫国术。赋予武术“强身卫国”的精神。

“武术”一词的正式出现和使用是中华人民共和国成立之后,1952年6月24日,荣高棠在《为国民体育运动的普及和经常化而奋斗》的报告中,正式运用了“武术”一词。1952年,国家体委刚成立,设置了专门机构——民族体育形式研究会,这标志着武术被正式列入体育范畴,成了社会主义体育事业的一部分。至此,“武术”的称谓得到明确,一直沿用至今。

二、武术概念的内涵

近现代以来,武术的社会地位得到了极大的提高,不仅由农村走向城市,而且由江湖迈入学堂,并开始了科学化征程,成为近现代教育事业的一部分。随着武术的蓬勃发展以及各类武术科研活动的开展,人们开始试着对武术进行概念性的描述。纵观整个20世纪武术的发展,人们在不同时期对武术的概念有不同的表述,这一方面反映了武术随着时代的推移在不停地发展变化,另一方面也反映了人们对武术的认识也在不停地深化,同时反映了武术发展的时代印记。

1932年颁布的《国民体育实施方案》中有最早的武术表述。“国术原我国民族固有之身体活动方法,一方面可以供给自卫技能,一方面可作锻炼体格之工具"[①]。该表述对武术的上位概念既没有界定为体育,也没有界定为实用技术,而是界定为"我国民族固有之身体活动方法",后面接着又很客观地指出了武术的实用价值和体育价值,这其实正恰如其分地反映了武术的实际状况,当时的武术受到了西方体育的影响,正处于由实用技能向体育转化的过渡期,这种概念表述反映了当时的时代背景。毋庸置疑,武术概念的变化本身也反映了人们对武术认识逐步深化的过程。对历史上具有代表性的武术概念进行分析评定无疑对我们认识武术概念的本质具有重要意义。"国术,原我国民族固有之身体活动方式,一方面可以供给自卫功能,一方面可作锻炼体格之工具"。这一概念表述中有几个特点:①用国术代替武术;②强调了武术的自卫技能和锻炼体格两个功能;③突出武术的民族性,将武术理解为我国民族固有的身体活动方式。

中华人民共和国成立以后,武术成了社会主义体育事业的一部分,得到了蓬勃发展。1952 年国家体委设置了专门机构——民族体育形式研究会,负责武术的工作开展,这标志着武术被正式列入体育范畴,武术的主体内容开始沿着体育的方向发展。1953 年的"全国民族形式体育运动大会"将武术的发展推向了一个高潮,在其推动下,各地的武术组织和群众团体得到迅速发展。

1961 年《体育学院本科讲义 · 武术》对"武术"作了如下表述:"武术是以拳术、器械套路和有关的锻炼方法所组成的民族形式体育。它具有强筋壮骨、增进健康、锻炼意志等作用;也是我国具有悠久历史的一项民族文化遗产"[②]。这个概念中既谈到了武术的外延,即"拳术、器械套路和有关的锻炼方法",也指明了武术的上位概念"民族形式体育",同时阐明了武术的文化定位"我国具有悠久历史的一项民族文化遗产",并指出了武术的一些价值功能"强筋壮骨、增进健康、锻炼意志"等,唯独没有指明武术概念的内涵"技击",以及武术最主要的价值功能"技击功能",反映了当时武术发展的时代印记和武术开展的实际情况。

1978 年出版的《体育系通用教材 · 武术》将武术的概念表述为:"以踢、打、摔、拿、击、刺等攻防格斗动作为素材,按照攻守进退、动静疾徐、刚柔虚实

① 温力.认识的深化和武术概念的嬗变[J].武汉体育学院学报,1993(1):6-9.

② 《武术》编写组.体育学院本科讲义 · 武术[M].北京:人民体育出版社,1961.

等矛盾相互变化的规律编成徒手和器械的各种套路。它是一种增强体质、培养意志、训练格斗技能的民族形式的体育运动。"该表述与 1961 年出版的讲义对武术的表述形成鲜明对比，主要在于：首先它明确肯定了武术的技击内涵，通过"踢、打、摔、拿、击、刺"等具有代表性的动作强调了武术是以"攻防格斗动作为素材"；其次通过"攻守进退、动静疾徐、刚柔虚实等矛盾相互变化的规律"说明了武术攻防格斗的规律；最后，突出强调了武术"训练格斗技能"的社会功能。同年，国家体委运动司武术处成立了武术散手调研组，在充分调研的基础上，撰写了《关于开展武术散手运动的报告》，并提出了"积极、稳妥"的方针。从 1979 年始，武术的散打、短兵、太极推手等对抗性活动陆续开始试点和开展。

1983 年出版的《体育系通用教材・武术》对 1978 年版的武术概念表述进行了补充，增加了有关对抗性项目的内容，该书对武术的表述是"以踢、打、摔、拿、击、刺等技击动作为素材，遵照攻守进退、动静疾徐、刚柔虚实等规律组成套路，或在一定条件下遵照一定的规则，两人斗智较力，形成搏斗，以此来增强体质、培养意志、训练格斗技能的体育活动"。实践决定人们的认识，新的社会实践丰富了人们的思想，对原有武术概念表述的补充，是很自然的。上述概念基本涵盖了当时体育领域开展的各类武术的全部内容，但是从表述方式上仍有一定的缺陷。该表述是对 1978 年的武术概念进行补充而形成的，没有按照形式逻辑的方法，从概念的内涵、外延、上位概念等方面进行更为精练、严谨的表述，只能算是对武术的一种描述性的界定。如"踢、打、摔、拿、击、刺""攻守进退、动静疾徐、刚柔虚实""两人斗智较力"之类的描述性语言不宜用于应该言简意赅、抽象精练的概念表述之中，"增强体质、培养意志"等作为各类体育项目的一般社会功能，也不应该放在概念之中。

1988 年出版的《体育学院普修通用教材・武术》，将上述概念精练为"武术是以技击为内容，通过套路、搏斗等运动形式来增强体质、培养意志的民族体育"。该表述相对而言比较精炼地涵盖了武术运动。同年 12 月举行的全国武术专题论文研讨会中，对武术的概念进行了广泛的讨论，将武术的概念表述为："以技击动作为主要内容，以套路和格斗为运动形式，注重内外兼修的中国传统体育项目"。此概念表述内容完整，语言精练，然而"内外兼修"一词虽说概括了武术的民族文化特色，但对概念界定来说是不够精准的。直到 2009 年 7 月由国家体育总局武术运动管理中心召集国内有关学者经过反复讨论、推敲后的定义是：武术是以中华文化为理论基础，以技击方法为基本内容，以套路、格斗、功法为主要运动形式的传统体育。

第二节 武术的发展历史

武术文化形态并非凭空产生，也不是一开始就是今天的模样，它经历了漫长的形成发展时期。

一、武术的源起

最早的武术文化形态，作为一种文化来论定，尚是不纯粹的，它只能被称为“武术文化萌芽形态”，它是“原始人的武术”。萌芽期的武术，又可分为早期与晚期。早期的原始人尚处于从猿到人的进化过程中，由于生产力低下和生存环境恶劣，人们只得以狩猎为生。长期的狩猎使他们逐渐本能地、自发地学会徒手和使用简单的木器、石器对抗野兽的方法，故早期的原始武术，应该是武术技术与本能的撕打攻击行为的混合。晚期的原始武术则与巫术、原始舞蹈混杂不分。氏族社会后期，生产力逐渐提高，私有制逐渐产生，部族之间矛盾频发，人与兽之间的斗争转化成了人与人之间和部落与部落之间的斗争。部落之间的有组织的战争行为无疑促进了原始武术的形成。当时的人们会在狩猎和战争活动前后跳武舞，由舞者手持兵器做劈、砍、刺、击等动作，想象并演练搏斗的场景，希冀获得超自然的力量以击败对手或是用来鼓舞士气，称武舞。实际上“武舞”就是原始武术和原始舞蹈的糅合，具有显著的一体性。

二、古代武术概览

（一）武术文化的初期形态

武术文化的初期形态的时期大致为夏朝到唐朝。这一时期武术的特点是：武术紧密与军事相伴随，随战争的扩大而发达，武术主要表现为军事技术。夏商周时期的作战形式主要是车战，主要用的兵器为弓、戟、戈、矛、钺等。“武舞”和“田猎”是当时主要的军事训练手段。礼、乐、御、射、书、数并称为“六艺”，是周代的主要教育内容。其中“舞”包含在“乐”之中，12 岁舞勺，15 岁舞象，20 岁舞大夏，勺、象、大夏是舞的名称。勺是文舞，而象和大夏等则是武舞。[①]

春秋战国时期，七国争霸，战争不断且规模扩大，车战淘汰而步骑战兴起，兵器也发生变化。首先兵器的制作材料由铜变铁，其次为了近距离士兵间的搏杀，剑成为军队中大量配备的武器之一。武术活动在这时脱身于纯粹的军事训练，开始向民间化、艺术化、竞赛化发展，技击意识也逐渐向理论化发展。春秋战国时期盛行佩剑与论剑之风，其中吴、越、楚三国不仅铸剑水平高，对击剑的技击意识的理解也胜于其他国家。

“角抵戏”这种徒手比武形成于秦代，但发展在两汉。汉代因饱受匈奴侵扰，全国尚武，角抵、手搏、击剑、射箭等实用之术长盛不衰。此时的武术活动有单练的“剑舞”“刀舞”，对练的“剑盾与双戟”，象形的“沐猴舞”和“狗斗舞”等等。汉代还是武术首次对外交流的时期，当时刀舞、剑舞、角抵、相扑等被作为优秀文化的代表展示给外宾观看。三国时期频繁的战争，推动了武术技术的发展。吕布、关羽、张飞等的存在表明当时的武术技术已经达到了一定的高度。

两晋南北朝时期刀是军中最基本、最主要的装备，棍棒也作为兵器被投入战场，剑在军中的地位虽被刀取代，但是战场之外仍然有使剑的传统。同时在两晋南北朝时期，武术表演被正式列为宫廷娱乐项目，相扑也在民间极为流行。

隋唐时期，人民生活水平较高，中外交流频繁，为武术文化形态的延展提供了广阔的天地。军事上对武器进行了改进，枪在战争中被广泛使用，同时在唐代还广泛使用了一种新兵器陌刀。唐代不论是统治者还是平民百姓，武侠、尚剑之风极为浓烈，甚至多有诗人崇尚此风。诗仙李白以“安得倚天剑，跨海斩长鲸”等千古名句展现了武术在这个时期的繁荣。从政治层面而言，唐代武则天推行的“武举制”，给武术以新的发展，使民间的弓箭、摔跤、武舞、角抵和相扑等获得显著的进步。

先秦至唐代，剑术相对成熟，这主要和贵族佩剑、习剑有关。总体而言，这时的中国武术，和欧洲中世纪以前的主要表现为贵族武技和军事技术的徒手和器械搏杀技术，并未有什么大的不同，尚未以其质的特殊性，使自己与其他民族的武技相区别。所以这一时期的武术文化形态，只能被称为“武术文化初期形态”。

---

① 邱丕相.中国武术史[M].北京：高等教育出版社，2008.

（二）武术文化的完备形态

这一时期，武术发展至成熟期，它以宏大、系统、迥异于以往的面貌，宣示了“武术文化完备形态”的形成。武术文化完备形态具有中国文化的基本特征，并和世界其他民族武技文化形态相区别。武术文化完备形态大致是在宋、元、明、清时期完成。

两宋时期是中国民间武术发展的重要时期。宋代出现了大量的武艺结社组织，还有城市群众性的娱乐演艺场所“瓦舍”，有专门的艺人在里面进行“射弓”“舞剑”“打套子”等武术表演。打套子是以对练为形式的武术，这种以健身娱乐为主的套子武术在民间极为盛行，可以说是更为接近武术套路的一种表演形式。

元代的统治阶级是以少数民族为主，为巩固政权，元代统治者下达了“禁武令”，但是却不反对元杂剧等戏剧形式另类地传播武术。这在一定程度上阻碍了民间武术的发展，却从另外一个角度促进了套子武术发展，使武术在舞台上的艺术表现达到了一个新的高度，为明清武术的繁荣积累了力量。

明代是武术体系形成的时期，主要表现有三个标志。首先是武术流派的形成，中国武术自明代开始形成门派或流派，使每一个门派、拳、器械之间都有自己鲜明的特点。其次是十八般武艺的具体化。据《五杂俎》载：“正统己巳年之交，招募天下勇士。山西李通者，行教京师，试其技艺，十八般皆能，无人可与为敌，遂应首选。”十八般分别是：一弓，二弩，三枪，四刀，五剑，六矛，七盾，八斧，九钺，十戟，十一鞭，十二锏，十三镐，十四殳，十五杈，十六钯头，十七棉线套索，十八白打。① 可以反映出当时的兵器和武艺多种多样，既有徒手器械之分，也有长短软兵之分。另外明代武术出现了较为成熟的武术套路形式。程宗猷《单刀法选》中的刀、棍等套路演练线路图，就是最早的武术套路图谱。

武术在清代这个文化集大成之时代达到了历史发展的顶峰。中国武术的拳种流派在清代大量地涌现，当时的武术技术产生了相当稳定的技术结构和鲜明的技术特点，并且有着自身独特的传承体系。同时部分拳种还有着经典哲学理念的融入，如太极学说、八卦学说、五行学说等，一方面为传统武术的文化层面增添了新的内容，积极地延展了武术文化的内涵与外延；另一方面，又极大地提升了武术的文化品位并最终奠定了中国武术经典形象的学理基础。②

---

① 谢肇淛. 五杂俎[M]. 北京：中华书局，1959.

② 申国卿，邓方华. 中国武术导论[M]. 重庆：重庆大学出版社，2016.

三、近代以来武术的发展

1840年以来，近代中国动荡不安，古老的中国被洋枪洋炮打开了国门，在西方文化的冲击下，武术受到了一定的影响，但在“强种保国”理念的号召下，由最初的衰微逐渐向着科学化、规范化的方向发展，为中华人民共和国成立后的武术运动发展提供了借鉴。

首先全国各地出现许多武术组织和社团。其中1910年，上海成立的精武体育会是影响力最大、创办时间最长的武术组织。城市武术的出现，毫无疑问是对武术运动的发展具有积极而深远的影响的。为了有序地管理和发扬武术，1928年在南京成立了中央国术馆，随后各、省、市县相继成立地方国术馆。这一官方性质的武术组织直接影响着当时武术的总体发展。

其次，组织武术竞赛活动也是近代武术的一个特点。1923年4月，上海举办中华全国武术大会，这是第一次武术单项运动会。由中央国术馆组织的国术国考是近代影响最大的武术比赛。第五届和第六届全运会，武术都被正式列入正式竞赛项目，这些武术竞赛活动使武术竞赛规则不断更新和完善，推动了武术运动的健康发展。

同时，一些学者开始细致地研究武术，考证武术起源，探究武术发展，并积极地挖掘武术的技击性和健身价值。这些在武术理论化科学化方面的探索，是近代武术所留给我们宝贵的永恒遗产。

1949年10月1日，中华民族进入了一个开天辟地的新时代。武术作为中国民族传统文化的有机组成部分，表现出了一种全新的发展状态，受到党和人民的重视。从最初国家体委将武术作为一项民族体育项目与1952年设立的民族形式体育研究会做挖掘、整理工作，到1994年成立的武术运动管理中心作为中国武术协会的常设办事机构，体现了武术管理体制在不断地完善，使武术运动科学地、规范地发展。

正是对武术运动科学化规范化的追求，散打登上了舞台。散打最初叫作散手，1979年由国家体委选择北京体育学院、武汉体育学院、浙江省体委为训练试点，经过不断地训练和经验总结，在同年5月于南宁举行的全国武术观摩交流大会上，进行了第一次汇报表演。此后，经过一次次的表演和规则的更改、制定，在1989年散手被批准列入正式体育竞赛项目。1999年，散手正式更名为

"散打"。散打的诞生破除了对武术的错误认知,还极为客观地展现了中华武术的"技击之道"。

中华民族发展时至今日,其稳步和平崛起的战略特点不仅为中国武术创造了全新的时代大环境,而且也使得当代武术文化逐步表现出一些新的发展特征。[①] 武术经济和武术产业化日益明显,各类武术馆、校、社纷纷建立,"武术搭台,经贸唱戏"成为新潮流。不仅如此,武术文化形态还与其他的文化产业相结合,电影、电视、舞台剧等都是武术展示的优秀载体,与武术结合的独特的文化气息深受人们喜爱。中国武术源远流长,绝不是三言两语可以说得完,它承载着悠久的历史传统,在当前信息爆炸的社会,武术发展风险与机遇并存,把握好武术的发展脉络,方能找寻武术文化形态的本真所在。

第三节 武术的特点

通过对武术概念的讨论我们明确了武术的两个最主要的特点,即武术技术上的技击特点和文化色彩上的民族特点。

一、武术的技击特点

"技击"一词最早见于《荀子·议兵篇》中的"齐人隆技击"和《汉书·刑法志》中的"齐愍以技击强"。当时,技击表示的意思是士兵杀敌的技术;清王先谦《尚子集解·杨注》:"技,材力也。齐人以勇力击斩敌者,号为技击。"以至于到了现在仍然有学者将技击定义为人体格斗的技术。可见"技击"一词的本意是杀敌格斗的技术,回溯武术从诞生之日起,即含有人体格斗技术之意。原始武术的内容主要以厮杀格斗动作为主;传统武术的内容主要以套路的形式为主,套路中的动作经过规范性加工之后已不再是格斗技术的动作复现,但所有动作依然是攻防意识的体现,依然具备技击含义;现代武术的发展不但有套路演练、散打对抗,还有相关的艺术作品。万变不离其宗,现代武术的所有形式依然从攻防意识入手,包含着技击、技击含义和技击艺术的内容。具体体现在套路演练、散打对抗,功法展示中有五弓合一、动即生法、攻防兼备等之说。一是五弓

① 申国卿,邓方华.中国武术导论[M].重庆:重庆大学出版社,2016.

合一。劲力“一身备五弓”是比喻身躯犹如一张弓，两手为两张弓，两足为两张弓。“五弓合一”即为全身的整体劲，触之则旋转灵活，能蓄能发，滔滔不绝。武禹襄在《打手要言》中说：“其根在脚，发于腿，主宰于腰，形于手指。由脚而腿而腰，总须完整一气。”这说明，只有以腿弓为劲力的源头，再加之其他四弓的协调配合，才能发出五张弓的凝聚之力。二是动即生法。“法”，在技击的攻防中指全身上下多个出击点，是上出下进，左击右打，有直线进攻，弧形近身，侧摆，轮劈等诸多打法，其劲路及打击目标交叉变化，异常丰富，奥妙无穷。在套路演练中是指手、眼、身法、步、精神、气、力，功。具体要求是：“拳（手）是流星眼是电，腰（身法）如蛇行步赛钻，精神充沛气宜沉，力要顺达功宜纯。”即练功要求做到手捷快，眼明锐，身灵活，步稳固，精充沛，气下沉，力顺达，功纯青。戚继光《拳经捷要篇》曰：“学拳要身法灵活，手法便利，脚法轻固，进退得宜”。[①] 三是攻防兼备。“攻防兼备”原义指进攻和防守的实力均衡、相等，也就是有攻有守。清吴殳在《手臂录》中说“攻为阳，守为阴”，一般说来攻时奋力突进，力法主刚；守时随人而动，力法主柔，且攻中有守，守中有攻，攻时刚中有柔，守时柔中有刚，刚柔并济，不可偏废，是各拳种共同的要求。[②] 纵览武术发展进程，无论朝代更替、称谓变换，也无论其他文化形态依附、渗透、派生、衍化，攻防兼备始终是武术的本质特征。

二、武术的民族文化特点

武术是中国传统文化孕育的产物，因此，带有浓厚的中国传统民族文化色彩。一是尚武崇德，武德至上。“习武先习德”是习武者的传统美德。武术礼节是中华武术精神文明的具体体现。“自强不息”和“厚德载物”是数千年在中华民族的宝贵精神财富。“尚武”能培养自强不息的精神。习武者在坚持不懈的武术锻炼中能逐渐养成不屈服于恶劣环境和竞争对手、勇于拼搏、夺取胜利的精神。文化的深层教育内容就是价值观。武德是习武之人应具备的道德，是习武者为把握社会，实现社会价值而建立起来的自我约束和精神自律体系。因此，武德是习武者心中至高无上的道德标准。“武术是一种自我教化，武之教化是以感性的身体运行形式。‘动荡其血脉，固束其筋骸’从而在一种‘涵泳从容，

---

① 戚继光. 拳经捷要篇[M]. 北京：中华书局，2001.

② 全国体育院校教材委员会. 中国武术教程（上册）[M]. 北京：人民体育出版社，2003.

忽不自知'的过程中使习武者养成至善的德性。"[①]因此,武术是继承和发扬中华民族精神的重要载体之一。二是博大精深,兼容并包。1979 年,国家体委下发了《关于挖掘整理武术遗产的通知》,就套路而言,自成体系的拳种就多达 129 个,相关资料 651 万余字,录制 70 岁以上老拳师共计 394.5 小时的视频资料,有关资料 482 本,古兵器 392 件,实物 92 件。尽管这些拳种和套路在运动形式上有各种差异,但传统武术能够历久弥新、多种技法并存,其奥秘就在于武术文化所孕育的"兼容并包"的文化发展环境。从战国时期的"百家争鸣",到"孔孟显学"并行天下,再到"儒、释、道"三足鼎立,都造就和体现出文化发展过程中一种无所畏惧,无所顾虑的兼容并蓄的气派,塑造了我们中华民族的博大胸襟。[②]武术文化之所以能够历久弥新,发展至今,归根结底是武术发展过程中各团体、宗族、派别之间的相互融合、共同进步的结果。这充分显现了中华武术"兼容并包"的文化发展特征。三是注重整体,追求和谐。中国文化强调整体思维方式,即在对对立统一这个宇宙根本规律的把握上,更注重对立面的统一和协同,强调用统一的角度去观察事物,强调事物的整体性和过程性,这是中国传统哲学天道观的重要特点。[③] 将这种思维方式运用到武术演练中就体现为:既注重每一个动作的细节和规范,又注重单个动作之间的衔接,全套动作演练的功力和气势,动作的衔接要顺畅,全套的演练要气韵生动、气势连贯、一气呵成。整体在与部分的辩证关系中是居于主导地位,统率着部分。所以,从整体上,从演练的整个过程去评价技艺的优劣是非常重要的。

传统武术由于形成于东方的农耕文明之中,在其漫长的发展过程中受中国传统哲学思想的影响,因而形成了具有显著"追求和谐"的文化特征。无论是武术的套路演练,还是武术的攻防理论;无论是闪展腾挪、刚劲威猛的外家拳,还是内外合一、形神兼备的内家拳,中庸、和谐的儒释道思想始终主宰着传统武术理论的形成。武术中的"动静相随、攻防并存、形神兼备、内外合一"等技击原理,都体现了中国传统文化的"贵和谐、讲中道"的追求和谐的文化特征。

---

① 土岗. 中国武术:一种追求教化的文化[J]. 体育文化导刊,2007,3.

② 蔡仲林,周之华. 武术[M]. 北京:高等教育出版社,2005,7.

③ 全国体育院校教材委员会. 中国武术教程(上册)[M]. 北京:人民体育出版社,2003.

第四节 武术的表现形式

武术的表现形式也可以说是武术的运动形式，而武术运动形式则是武术在历史长河中多元发展以及与现在体育的运动形式碰撞、融合而逐渐形成的。如武术的流派和拳种，是不同历史时期人们对武术创造性认识和创新性智慧的结晶。历史上关于流派有“长拳”与“短打”之类、“内家”与“外家”之说、“黄河流域”与“长江流域”之划分、“南派”与“北派”之分、“少林派”与“武当派”之别等。这些说法无一不在说明武术流派的“类同合流，壮大拳派”“繁衍支系，发展拳派”“融合诸家，创立新派”发展方式，使得武术几千年来生生不息。武术运动发展到今天，它的内容和运动形式有很大的发展变化，其分类方法也不尽相同。有以竞技武术、健身武术、学校武术、实用武术等功能性分类的，也有以竞技武术和传统武术的二分法等。而现代武术运动按照现代体育的运动形式，则是以套路、格斗、功法为主要运动形式的传统体育。

一、套路运动

武术套路运动，是以技击动作为素材，以攻守进退、动静疾徐、刚柔虚实等矛盾运动的变化规律编成的整套练习形式。套路运动作为武术表现形式发展至今，其主要原因是有庞大的拳种体系作为形式素材。

套路运动按练习形式又可分为单练、对练和集体演练三种类型。单练包括徒手的拳术与器械。对练包括徒手的对练，器械对练，徒手与器械对练。集体演练分徒手的拳术、器械或徒手与器械。

1. 单练

指单人演练的套路，包括徒手的拳术与器械。

(1)拳术类　拳术类包括各种徒手拳术，如长拳、太极拳、南拳、形意拳、八卦掌、八极拳、通臂拳、劈挂拳、翻子拳、地趟拳、象形拳等。简介如下：

长拳

长拳是一种姿势舒展、动作灵活、快速有力、节奏分明、并有蹿蹦跳跃、闪展腾挪、起伏转折和跌、扑、滚、翻等动作与技术的拳术。主要有拳、掌、勾三种手型，弓、马、仆、虚、歇五种步型，一定数量的拳法、掌法、肘法，屈伸、直摆、扫转等不同组别的腿法，以及平衡、跳跃、贴扑、滚翻运动。长拳主要包括普及的初级长拳，中级套路，以及适应竞赛的规定套路和自选套路。

太极拳

太极拳是一种柔和、缓慢、连贯、圆活的拳术。它以掤、捋、挤、按、採、挒、肘、靠、进、退、顾、盼、定为基本运动方法(亦称太极十三式)。在国内外广为流行，以健身修性为主，也是竞赛项目。传统的太极拳有陈、杨、吴、孙、武等式。

南拳

南拳是流传于中国南方各地诸拳种的统称。拳种流派颇多，广东有洪、刘、蔡、李、莫等家，福建有咏春、五祖等派。一般特点是：拳势刚烈，步法稳固，多桥法，擅标手，常以发声吐气助发力助拳势。

形意拳

形意拳是以三体式为基本桩法，以五行拳(劈、崩、钻、炮、横拳)和十二形拳(龙、虎、猴、马、龟、鸡、鹞、燕、蛇、鹰、熊、鹤十二形)为基本拳法而组成的拳术。其动作特点是：动作整齐简练，严密紧凑，发力沉着，朴实明快。

八卦掌

八卦掌是一种将攻防技术融合于绕圈走转之中的拳术。以站桩和行步为基本功，以绕圈走转为基本运动形式，步法变换以摆扣步为主，并包括推、托、带、领、扳、拦、截、扣等技法。基本八卦掌包括单换掌，双换掌，顺势掌，背身掌，磨身掌，回身掌，转身掌等。其运动特点是沿圆走转，势势相连，身灵步活，随走随变。

(2)器械类　器械是武术演练时使用的器具或兵器的总称。器械种类繁多，分为短器械、长器械、双器械、软器械四类。短器械主要有刀、剑、匕首等；长器械主要有棍、枪、大刀等；双器械主要有双刀、双剑、双钩、双枪、双鞭等；软器械主要有三节棍、九节鞭、绳标、流星锤等。下面介绍四种主要的单练器械项目。

剑术

剑产生于商代，它以刺、点、撩、挂、截、穿、崩、挑等剑法，配合步型、步法、平衡、跳跃等动作构成的套路。其运动特点是：轻灵洒脱，身法矫健，刚柔相兼，富有韵律。

刀术

据考证，在旧石器晚期已出现了石刀。它以缠头、裹脑和劈、砍、斩、撩、扎等基本刀法配合步型、步法、跳跃等动作构成的套路。其运动特点是:快速勇猛,激烈奔腾,紧密缠身,雄健剽悍。

枪术

枪术属武术长器械,是古兵器之一,由棍与矛演化而来。它以拦、拿、扎为主,兼有崩、点、劈、穿、挑等枪法,配合步型、步法、身法等构成的套路。其运动特点是:走势开展,力贯枪尖,上下翻飞,变幻莫测。

棍术

棍术以劈、扫、抡、戳、撩、挑等棍法配合步型、步法、跳跃等构成的套路。其运动特点是:勇敢泼辣,横打一片,密集如雨,梢把并用。

2.对练

对练是两个人或两个人以上,按照预定的动作程序进行的攻防格斗套路。包括徒手对练、器械对练和徒手与器械对练。

(1)徒手对练是运用踢、打、摔、拿等技击方法,按照进攻、防守、还击的运动规律编成的拳术对练套路。常见的有对打拳、对擒拿、南拳对练、形意拳对练等。

(2)器械对练是以器械的劈、砍、击、刺、格、挡、架、截等攻防技击方法组成的对练套路。主要有短器械对练、长器械对练、长与短对练、单与双对练、单与软对练、双与软对练等诸多形式。常见的有单刀进枪、三节棍进棍、双匕首进枪、双打棍、对刺剑、对劈刀等。

(3)徒手与器械对练是一方徒手,另一方持器械,双方进行攻防对练的套路。常见的有空手夺刀、空手夺棍、空手进双枪等。

3.集体项目

集体项目是三人以上的徒手拳术、器械或徒手与器械的集体演练,演练时可变换队形、图案,也可以用音乐伴奏,要求队形整齐,动作协调一致。

二、格斗运动

武术格斗是两个人在一定条件下按照一定的规则进行斗智、较力、较技的实战练习形式,目前武术竞赛中正在开展的有散打、推手等,尚未普遍开展的有短兵和长兵。

1. 散打

散打又称为散手，古时候称其为手搏、白打等。散打运动是一项竞力、斗智、斗勇的体育项目，由于比赛是以徒手相搏相较的运动形式在擂台上进行，所以又称为“打擂台”。竞技双方按照一定规则使用踢、打、摔等方法制胜。

2. 推手

推手也称为打手、揉手、揭手等，是指两个人按照一定的规则，使用掤、捋、挤、按、采、肘、靠、挒等技法，双方粘连沾随，寻找时机借劲发力将对方推出，以此决定胜负的竞技项目。推手有定步推手和活推手两种。

3. 短兵

武术短兵是中国民族传统体育中具有特色的一项新型竞技项目。它是指两个人各手持一种特制的短兵器，按照一定规则，以剑法和刀法为主要技击攻防方法进行比赛的竞技项目。通过练习短兵可以培养灵活协调能力，提高对抗性技能，促进身体素质全面发展。

4. 长兵

武术长兵是中国传统武术训练和军事训练的重要内容之一。它是指两个人手持一种特制的长兵器，按照一定规则，以棍法和枪法为主要技击攻防方法进行比赛的竞技项目。

三、功法运动

功法运动是为掌握和提高武术套路和格斗技术，诱发武技所需的人体潜能，围绕提高身体某一运动素质或锻炼某一特殊技能而编组的专门练习，是中华武术的表现形式和内容之一。

1. 内功

内功是讲究“以气为本”“以内充盈”的气功，泛指习武者通过专门的训练方法和手段，对人体内在的精、气、神以及内脏、经络、血脉等的修炼。内功是锻炼“意”“气”“劲”“形”，使其能成完整一体的练习方法。《太极拳法实践》中有“其专至锻炼脏腑，神经，感觉，所谓精气神者为内功”之说。内功有很多锻炼方法，大致有静卧、静坐、站桩、鼎桩 4 种方法。例如，专习“浑元桩”可以调心、调身、调息；长时间站“马步桩”可以增强腿劲力等。每种方式方法都是练习武术内功的外在表现形式，都体现出武术运动表现形式的多样性以及多用性。

2.外功

外功，即练筋、骨、皮的硬功，泛指习武者通过专门的锻炼方法和手段，使身体具有比常人较强的击打，抗击打，弹跳，摔跌，磕碰等身体素质的能力，以达到强筋健骨，壮体强魄之功效的运动。比如“柔功”是以提高肢体关节活动幅度及肌肉舒缩性为主的柔韧性练习方法；“硬功”是增强肢体的攻击力度和抗击打能力的练习方法；“轻功”是发展人体平衡能力和翻腾奔跑能力的练习方法；“感知功”是增强身体神经系统灵敏性，提高身体反应能力的练习方法等。这些主要提高武术基本身体素质的功法都属于外功。

第五节　武术的价值

武术在中国流传到今天而没有被历史所淘汰，这个事实本身就说明武术具有满足人们物质和精神生活所需要的价值。

一、武术的技击价值

武术本质上是一种武技，是一种技击术，它起源于劳动，这种出自本能的活动经过经验积累逐渐升华为有意识的技击术，如武术中的套路形式，将对抗格斗技巧保存记录下来并为格斗提供成熟的技法。因此，技击性是武术的根本所在，也是武术的基本价值所在。

古代武术与军事战争的关系密切，武术以“习手足、便器械、积机关”的防身自卫功能发挥着重要的作用，士兵通过练习拳脚和兵器，不断提高自己技艺水平，从而在实战中消灭敌人，保存自己，武术是国家乃至个人防敌自卫的重要手段。到了现代，武术的技击价值虽然不如古代那样直接凸显，但因武术本身具有攻防技击的特点，格斗实用技术仍旧是我国部队干部战士、公安干警等必须学习掌握的基本技能，在现实执行任务中也经常应用。

二、武术的健身价值

人们在习练武术中，在提升格斗对抗能力的同时也提高了自身的身体素质，这是武术的健身价值所在。内外兼修是中国武术独有的健身理念，它是在长期中国传统养生文化与中医理论相结合的产物。内外兼修不但讲究外在的身体肌肉练习，更讲究内在气血调节，将动、静有机结合，建构出和谐健康的身心健康理念。无论是从武术外在的身体动作外形还是内在的呼吸调节，或者说“八法”中手眼身法步与精神气力功的内外要求，以及武术功法修炼的天人合一，都反映了武术注重内与外，性命双修的传统健身理念。中国武术具有西方体育不可比拟的健康身心功效，这也是武术区别于西方体育的重要标志。

中国武术内容丰富，形式、风格多样，适合于不同性别、年龄、阶层的人练习，同时练习不受时间、地点、气候和场地的影响，具有经济与方便的特点，是健身娱乐的重要手段，当下社会对健康的需求尤为迫切，因此武术的健身价值愈发突出。

三、武术的教育价值

武术与文化的结合，尤其是传统文化的融合，使得武术有着巨大的武术教育价值，是学校教育的重要素材。中国在秦以前的学校教育就有相关的军事武技的教学内容。《周礼》中说“乃教之六艺”，即礼、乐、射、御、书、数，其中射、御都是和军事、攻防有关的技术。武术文化包括技术器物层、制度习俗层和心理价值层，而武术教育价值则是通过武术技术层面的学习和传授，以及制度习俗的遵守，从而潜移默化地达到武术对人们心理价值层面的影响得以呈现，武术的教育价值体现了武术在学校教育中的地位和作用。

1915 年武术被正式列为学校体育课程，中华人民共和国成立后，学校武术教育得到了快速发展。1961 年《中小学体育教学大纲》中就明确规定了武术作为民族传统体育的重要内容，并规定了详细的课时和练习内容。2004 年 3 月 30 日，中宣部发出《中小学开展弘扬和培育民族精神教育实施纲要》指出，中小学开展弘扬和培育民族精神教育应突出重点，要以爱国主义教育为核心，以中华传统美德和革命传统教育为重点。今天武术文化进学校更是传承和发展中华民族优秀传统文化的重要方面。武术教育可以增强学生体质、强壮身体，开发学生智力、充足脑力精神，锻炼提高学生综合素质能力。其次，武德对于习武人的品格塑造具有重要的影响作用，中国素有“刚健有为，自强不息”的文化传统，通过习练武术，培养着人们勤劳勇敢、奋发向上、不折不挠的民族精神。爱国主义则是武术教育价值所在的另一重要体现。霍元甲到上海创立精武体操会，孙中山曾在《精武本纪》书序亲自题写“尚武精神”条幅，具有强烈爱国主义色彩的中央国术馆建立，中央国术馆馆训第一条就是“强种强国，自强不息”等。当前在学校实施武术教育，弘扬武术文化中的积极成分，使武术文化的内在价值在新时期发挥积极作用，对于继承和发展传统武术文化以及培育和弘扬民族精神、积极培育和践行社会主义核心价值观具有重要现实意义。

四、武术的观赏价值

武术具有很高的观赏价值，体育是一种人的身体活动，所有的体育活动都有运动员表演和观众观赏这样的互动过程。武术既是一种人的身体活动，具有人体运动的一般审美价值，又是一种武技，能表现人在攻防技击时的技巧和能力，所以又具有一种技击性的神秘色彩和审美价值。同时它既有单练又有对练，既有套路训练又有对抗性练习，使它能够满足人们的不同欣赏需求；并且在武术的产生过程中得到了加工、改造和提高，因而武术又具有一定的艺术性。在古代就有“打把式卖艺”，包括各类型的有组织或自发的武术表演活动一直延续到现在。武术的运动形式多样，能够满足人们不同的欣赏需求，在观看的过程中也能够使观众得到一种精神上的满足和享受。

五、武术的经济价值

武术的经济价值源于武术具有的健身、观赏等功能，也是武术的突出价值之一。春秋战国时期，击剑成为当时社会流行的练习项目，因此，当时围绕剑器产生了大量的铸剑师，铸剑师以铸剑为生计，成为名副其实的商人。此外，当时还有大量剑客的存在，剑客们以出卖自己的技艺为生，投靠富贵官宦人家以求生存。如《庄子·说剑》中记载：“昔赵文王喜剑，剑士夹门而客三千余人，日夜相击于前，死伤者岁百余人，好之不厌。”秦汉时期，武术作为表演的项目，成为宫廷王侯娱乐的工具。因此，在一定程度上产生了大量的武术艺人。宋元时期，武术娱乐表演得到了飞速发展，社会上出现了以习练武术表演为生的武术艺人。如北宋《东京梦粱录·角抵》载：“瓦市相扑者，乃路岐人聚集一等伴侣，以图手之资。先以女数对打套子，令人观睹，然后以膂力者争交。”明清时期，由于国家定期举行武举，因此，还产生了以围绕武举考试的市场经济。如武举考生的食宿、习练场所和武举考场的用具等。再如起源于明清时期的镖局，也是武术经济发展的侧面反映。尤其是清末民国时期，武术流派发展迅速，各地武馆分布较多,武馆的维护和经营都与经济发生了密切的关系。民国时期中央国术比赛,比赛期间,观者络绎不绝,因此,也形成了一定的武术市场的需求。

中华人民共和国成立后,随着社会主义经济建设的不断发展以及国际经济文化交流的日益频繁,西方体育产业对我国体育事业产生了巨大影响,在当前体育产业理念的影响下武术的经济价值被进一步开发,如开办武术馆校,巨大的经济价值是促使武术馆校蓬勃发展的直接因素。传统武术的市场化日益成熟,中国少林国际武术节、中国武当国际武术节、四川青城山道教文化节、世界太极拳健康大会等,"这些节会集武术活动及旅游经贸于一体,以武术活动为形式,以经济活动和文化交流为内容,既推动了武术运动的蓬勃发展,又加强了本地区和外界的经济技术交流与合作。"[①]从经济学的观点来看,武术事业属于第三产业,武术作为间接的、潜在的生产力与物质生产部门的经济效益不同,武术事业的发展也促进了与武术相关行业的发展。诸如服装、器械、有关书籍、影视业、武术馆校、娱乐中心、康复中心、疗养中心等,通过举办各种比赛,带动武术相关的经贸业、旅游业的发展。

---

① 邱丕相,周良伟.论现代武术运动的主要发展特征[J].上海体育学院学报,1999(1):22-28.

第二章　武术套路教学

中华武术是最具民族特色和运动形式的民族传统体育项目之一，也是现代竞技体育项目中不可或缺的，具有浓郁特色的体育运动项目。武术套路与其他体育项目一样都具有针对该项目在教学中的具体要求与原则，形成了较为完善的教学体系。武术套路教学在具体的实施中既有较为普遍的共性，又有突出的项目特征，这一特征决定了武术套路教学的特点、教学原则和教学方法。

武术套路教学是在教师的组织和学生主动参与下，依据教学大纲的要求，教师有计划、有目的地向学生传授武术理论知识、技术、技能，培养学生综合素质和能力以及思想品德教育的过程。由于武术套路教学包涵着诸多因素，是复杂的教学过程。主要通过直观的认识、思维以及记忆，达到不断熟练和提高的过程，教学中"双边"活动显得尤为突出。从武术套路教学特点来看，是一个由浅入深，由简单到复杂，从直观动作到体会动作内涵循序渐进的过程。因此，武术套路教学主要涉及教学特点、教学原则、教学阶段和步骤、教学方法等。只有灵活地运用这些教学内容，才能使武术套路的教学收到良好的效果。

第一节　武术套路教学的内容与教学任务

一、武术套路教学的内容

武术套路教学的内容主要是依据教学大纲和学生的实际情况，进行全面、系统的教学。其内容主要包括武术理论基本知识、技术和能力培养三个方面。

（一）理论教学

通过系统的理论讲授、课堂讨论、理论作业及多媒体教学等形式，使学生掌握武术的基本理论知识：武术运动概述、武术运动的特点和内容、武术套路相关的技法、武术套路教学的原则和特点以及教学的组织与方法、武术套路竞赛与规则知识、武术套路创编与图解知识等方面的理论知识。

(二)技术教学

技术课的教学任务是通过教师的口传身授和学生的反复练习，使学生掌握武术套路的动作方法、动作要领以及武术套路教学方法；提高武术套路动作的规格和演练水平；促进学生身体素质的全面发展。同时在技术课的教学中把理论知识贯穿于实践之中，促进学生对武术理论知识的理解和动作技术方法的掌握；通过有效的教学方法，培养学生的实践能力。技术课的教学内容根据武术套路教学课的结构可分为：

1.教学课的准备活动

武术套路教学课的准备活动是教学不容忽视的内容，是有意识、有目的的各种身体活动。通过必要的身体活动，增加身体各部位的运动幅度，使关节、肌肉、韧带都得到充分的活动，使人体各器官系统机能迅速进入运动状态，以调动学生的积极性，为顺利完成基本部分的任务做好体力、技术和心理准备为主要目的。准备活动可分为一般性和专门性准备活动两种。准备活动的时间一般持续15～20分钟左右，其内容和时间长短应根据基本部分的任务、学生的具体情况和天气情况而定。准备活动的具体内容包括以下几方面：

(1)慢跑和徒手练习：原地或行进间的徒手操、自编武术操，原地和行进间交替进行的各种跑、跳、行步、击步、绕环抡臂、躯干弯曲和各种踢腿、小跳、转体等练习。

(2)手型手法、步型步法和基本动作练习、身体各部位柔韧性练习、肩和腰背力量练习以及滚翻类灵巧动作的练习。

(3)徒手或持器械基本动作练习、大幅度比划套路动作，以活动身体为目的，同时也可结合套路中的跑动步法、助跑起跳等技术动作的练习。

(4)趣味性、竞赛性游戏活动：以身体活动为形式，活跃气氛，促进学生身心健康为目的，以特定的内容、规则和要求为特点的综合性身体活动。

2.技术课的基本部分

基本部分的练习是武术套路教学课的主体内容，教师应根据武术套路教学的特点和课的主要教材进行设计，课的基本部分一般包括以下内容：

(1)基本功、基本动作练习：手型手法、步型步法、神态、抡臂翻腰以及各种腿法、跳跃和平衡等动作练习。

(2)拳术类套路动作练习:基本动作、主要动作组别练习;难度动作、各种组合动作、分段及全套动作练习;结合拳术套路动作的攻防演练。

(3)器械类套路动作练习:器械基本技术练习;难度动作、各种组合动作、分段及全套动作练习;结合器械套路动作的攻防演练。

(4)对练项目(徒手、徒手与器械、器械对练)练习:跌扑滚翻动作练习、对练基本技术、两人或三人攻防配合练习;组合动作、分节及全套动作练习。

(5)素质练习:速度(动作速度)、力量、柔韧、灵敏与协调、力量、平衡的控制力和耐力等方面的专门练习。

以上各种练习应围绕教学课的主要教材合理选择,并根据学生不同的技术层次,提出相应的要求。要完成好教学课的主要教材还必须经过有序的教学步骤,通过一些必要辅助练习、分解练习、强化练习逐步掌握完整动作技术,使套路动作规格、流畅、节奏分明,达到突出项目的特点,这也是武术套路教学中不可缺少的内容。

3.结束放松练习

武术套路运动中的绝大部分项目都具有蹿蹦跳跃、闪展腾挪、起伏转折、快速多变等特点,对学生的身体素质和内脏器官的机能都提出了较高的要求,再加上进行了较长时间或较大强度的套路动作练习之后,就需要通过积极而有效的放松活动松弛学生紧张的肌肉,调节学生的心理情绪,以消除疲劳,恢复体力,促进学生的身心健康。常用的放松活动有以下几种:

(1)局部按摩、拍打四肢和躯干以放松肌肉。

(2)缓慢的上肢、下肢、躯干等部位的伸拉性练习放松肌肉。

(3)以弹动和抖动为核心动作,组成轻松、活泼的放松操,放松身体。

(4)垫上团身波动,放松背部。

(5)配合呼吸进行有意识的放松,例如:吸气时两臂向上、身体充分伸展。呼气时两臂放松下摆,同时由下至上,身体各环节依次放松前屈。

(6)借用太极拳的理论和呼吸方法,做深呼深吸或用意念放松身体。

(三)能力培养

能力是构成素质的重要方面,它是一种无形的、促使人全面发展的潜在品质。随着我国学校教学改革的不断深入,现代学校体育教育早已摒弃了单纯强调知识和技术传授的狭隘观念,注重学生的全面发展,培养学生的能力已成为体育教育的重要目标之一。因此，武术套路教学不仅要使学生掌握武术知识和技能，同时学生能力的培养也是武术教学的重要内容。在教学的实践中应根据武术套路项目的特点，结合理论知识与技术课的教学进行。武术教学目的是通过系统的教学，使学生掌握动作的方法、要领，以及相关拳种的技法，引发对武术的浓厚兴趣，发掘自己的潜能，促使学生进一步学习和掌握武术套路运动的基本知识、技术和技能，科学地掌握武术套路理论和运用方法，并具有看书、查看视频资料自学武术套路动作的能力，能够运用所学的知识和套路动作素材创编成套动作，自己练习或指导喜爱武术运动的练习者，使更多不同层次、不同年龄的武术爱好者在实践中感受到中国武术文化的精髓，让中国武术这一宝贵的文化遗产造福于人类。

武术套路教学应着眼于学生今后的教学及武术相关工作，在培养人才的教学实践中，不但要让学生系统掌握武术套路的基本知识、基本理论、基本技能，而且更应采用多种方法和手段培养学生的实践工作能力。武术套路教学应着重培养以下几方面的能力：

(1)在武术套路教学的实践中，有计划地安排学生相互纠正与练习，提高学生发现问题和解决问题的能力；师生互动，提答问题；运用生物力学的知识分析动作要领和错误的原因。

(2)进行部分课和全课的教学实习，学会备课、写教案，掌握常用口令、分解动作(动作名称)的口令、提示性(动作名称加要领)口令，提高组织教学的能力。

(3)完成用文字和简图记写成套动作的作业。

(4)独立创编不同类型的准备活动成套练习，独立创编单练、对练和集体项目。

(5)完成用生物力学的方法分析武术套路技术动作的作业。

(6)参加武术套路不同类型的表演或比赛活动。

(7)担任武术套路比赛的辅助裁判或执行裁判工作。

(8)面向社会，承担武术套路教学、辅导和表演，以及比赛的组织工作。

二、武术套路教学的任务

武术套路教学任务是指在武术教学的实践中，为完成教学内容和实现教学目的所提出的不同层次的要求。武术套路教学是以身体运动的形式为载体，讲求实践教化，以促进学生身心健康，掌握一定的武术知识、技术和技能以及科学锻炼及养生的理论与方法，培养学生坚强的意志品质，热爱中国传统文化为主要目的。

（一）尚武崇德的思想教育，塑造健康的人格

“尚武”是倡导刚健有为的民族精神和参与武术锻炼，以求强身健体，自强不息，培养学生的爱国热情和民族自尊心。“崇德”指推崇道德修养、尊师重道、讲礼守信、谦虚恭敬、见义勇为，自觉遵守社会公德。武术套路教学应结合武术的特点及教学规律，重视对学生进行尚武崇德的思想教育，明确习武目的，端正学习动机；培养学生良好的学风，养成自律、自束的行为规范教育，净化学生的心灵，提高学生的品行；吃苦耐劳，不断进取的觉悟教育，磨炼学生坚忍不拔的精神，立志向上，发奋图强，培养学生良好的意志品质；构建和谐的人际关系教育，培养学生相互尊重和团结友爱的精神，达到人与人、人与自然的和谐统一。通过“武”的手段和潜移默化的熏陶使学生达到外练精湛的技术、内修高尚的品德，以追求高尚的道德情操为目标。

中国武术历来讲求“练武先修德”“先德后艺”“德艺双修”，逐步形成了注重武德修养，追求技艺精湛的教学模式，将武德教化贯穿于整个习武和教学之中，培养学生良好的行为规范。因此，习练武术不仅是一种锻炼，也是修炼，“修”者修德，立德成就人格，“炼”者磨砺进取，练就武功，练就“义勇兼备”的刚强之躯。通过武术文化的潜移默化及熏陶，激发学生积极向上的内在精神动源，提高学生的技艺，在修炼中塑造学生的人格。其基本内容：尚武重义的“侠义”精神，树立坚不可摧的理想信念和爱国情怀；尊师重道，中华传统美德教育；武术“抱拳礼”，激发民族自尊心和自豪感；重义守信、立身正直的人格品质教育；“天人合一”，崇尚自然的和谐统一，热爱生命的人生观念；长期的实践磨砺，锤炼出自强不息、百折不挠的意志品质和浩然之气。

（二）掌握武术基本知识和技术，发展技能，提高技术水平

武术套路教学是教师有计划、有目的地向学生传授武术的相关知识，使学生循序渐进地掌握武术理论知识和技术，促进理论和专业技术水平的提高，培养学生实践能力。

(1)基本知识：武术技术与理论相关的知识，以及与体育相关的其他学科理论。

(2)基本技术:武术技术是指完成动作的方法,同时技术又是客观和稳定的,反映运动项目特点和规律。武术套路基本技术主要包括基本功、基本动作、组合动作、武术技法和技巧等。

(3)基本技能:技能是人们在活动中运用知识经验通过学习而获得的完成某种任务的动作方式或心智活动方式。技能是知识的积累,积累得越多技能越强,反之学而不练,不注重实践和知识的积累,就不可能提高其技能。武术技能是指学生掌握技术和运用技术的能力。武术技能包括技术水平和技术的运用能力水平两个方面:其一是熟练运用基本技术的能力(包括演练水平和表现力,分段和整套的演练能力等),其二是学生在实践中灵活运用技术的能力,包括自我表现和相互评价等,也称实践工作能力。

(4)自我习练的良好习惯:通过自我习练,逐步提高学生体会动作、分析动作和理解动作的能力。

武术套路教学是教师依据教学大纲,系统地向学生传授武术知识和技能,把与武术相关的知识引入实际的教学之中,使学生学会发现问题、解决问题,学会创造并能在实践中灵活地运用。

(三)促进学生身体素质的全面发展

身体素质就其本质而言,主要是指人们体质的强弱和运动的机能能力。1984年《体育词典》中指出:"身体素质是指人体活动的一种能力,指人体在运动、劳动与生活中所表现出来的力量、速度、耐力、灵敏及柔韧性等机能能力。"2003年《身体素质训练指导全书》中指出:"身体素质是指人体在中枢神经系统的支配下,在运动活动中所表现出来的机能能力和运动能力,这种能力由力量、速度、耐力、柔韧性和运动协调能力组成。"随着体育运动的快速发展和人们参与体育运动的热情以及健身意识的不断提高,身体素质已成为现代体育运动中专门的名词术语而被广泛使用。身体素质在体育运动中,可以看成是人体在运动中所表现出来的力量、速度、耐力、灵敏以及柔韧等机能的综合能力。

身体素质可分为一般身体素质和专项身体素质,它包括柔韧、速度、协调、力量和耐力等素质。身体素质是运动能力的基础,注重学生身体素质的全面发展,对技术动作的学习和技能的提高至关重要。由于武术套路教学的复杂性和技术要求的全面,只有注重学生身体素质的全面发展,才能促进学生技术的学习和掌握,并将武术套路特有的劲力、速度、节奏、风格充分地表现出来。同时,在练习和强化训练中，必然会伴随着身体上的不适和暂时性的疲劳，仍须坚持完成身体练习，才能促进身体素质的不断提高。因此，全面发展身体素质是武术教学重要任务之一。

(四)进行审美教育

所谓审美教育也称之为美育。美育是人们认识世界、改造世界的重要手段，也是人类自身美化和美的情趣、不断完善人格塑造的重要途径。审美教育是运用自然美、社会美和艺术美的手段所进行的审美情感教育，调节情感、塑造心灵和创造美的能力的教育过程。武术是中华民族宝贵的文化遗产，之所以被世人所推崇，传承数千年并誉为“国术”，就在于武术从起源直至整个发展历程都凝聚着中华文明的精髓和中国哲学的智慧，美学的意境，艺术学之神韵，形成了武术所固有的“美”的特征。武术运动之美，堪称东方古老文明美的缩影。因此，武术教学具有进行美育教育的广阔空间，充分利用武术的文化内涵，使学生在武术教学的实践教化中领悟武术文化的精髓，弘扬民族传统美德，树立良好的审美的情趣和审美观点，提高审美修养、促进学生身心全面发展，使学生以审美的情趣和审美观念指导武术的学习。由此可知，武术教学中的审美教育是民族文化的传承，也是一种人的全面教育，是“以人为本”使学生学会做人，学会生活，热爱生活，从而成为全面发展、人格健全的“人”的教育。可以说进行审美教育是当代社会与时代的需要。

第二节　武术套路教学的原则和特点

一、武术套路教学原则

所谓原则，是指人们说话或办事依据的准则和标准。而教学原则是人们在长期的教学实践中不断探究，在总结教学规律的基础上所制定的教学活动的基本要求，它对体育教学活动具有普遍的指导作用。因此，教学原则具有规范性、理论性、时代性和多样性的特点。

任何一个体育项目都有该项目的运动特点，其教学原则也不尽相同。因此，体育教学原则在武术套路教学中的应用要充分考虑武术套路教学的内外因素，遵循武术套路的特点和教学规律，把握教学的基本原则并贯穿教学的始终。

1. 教育整体性原则

学校的教学活动是实现教学目的，传授知识的重要途径。在教学中贯彻教育整体性原则关系到人才培养质量，因而武术教学所承担的任务应具有整体性。就教育整体性原则而言应包括两方面含义：一是应高度重视武术教育的特殊价值和教学过程，把武术作为一种文化教育的手段，在教学双边活动中，通过武术技术这一载体进行民族文化的传承，使学生在教与学的过程中感悟身体文化的内涵，在接受文化熏陶的同时，培养学生遵师重道的品质和高尚的人格，促进学生全面发展。这一任务的完成应是完整而全面的，决不能有任何方面的偏废。因此，作为学校整体教育重要部分的体育，武术教育只是学校体育中的一部分，我们既要重视学校武术的特殊作用，又不能夸大其辞，重要的是要使学校武术与整体教育相协调。二是武术教育注重人的全面发展。武术套路教学活动本身既讲求动作的规范，又注重整体性，这是武术运动项目所决定的。从武术教学活动来看，它是由诸多教学要素所构成的完整系统，这就需要老师在教学实践中主动协调好各教学要素之间的关系，使之有机配合起来，在实现教学目标的过程中产生并达到良好的整体作用。其要求如下：

(1)树立整体教育观念，这既符合学生德、智、体全面发展的教育方向，又是武术教育和文化传承的关键。在传授武术知识和技能的同时，更要注重武术文化的传承和武德教育，二者有机的统一是教学具有教育性规律的反映。

(2)运用社会学、教育学和心理学等方面的理论与手段，结合武术理论和技术教学内容，对学生进行有目的地教育，使学生树立良好的学习态度和动机，发挥文化的优势进而引起学生探求武术文化的兴趣与热情。

(3)在武术套路教学的实践中，教师既要做到“言传身教”，又要注重学生实践能力的培养和独立思考的能力的提高，让学生多种感官作用得到充分的发挥。

2. 主体性原则

主体性教学原则是指在武术套路教学的实践中，始终以学生为本，调动学生的“主体作用”和学习热情，培养学生发现问题、解决问题和独立思考的能力。发挥教师的主导作用及教学的掌控能力，使学生在教师的指导下，积极主动地参与教学活动，激发学生的主体意识，发挥学生主体的自觉性、主动性和创造性，达到“教”与“学”相长的目的。因此，武术套路的教学过程其实质是师生的互动和教与学的双边活动，师生双方在教学过程中的积极性和自觉性对教学质量至关重要，也是决定教学效果的重要因素，两者缺一不可。其要求如下：

(1)改变传统的灌输式教学观念，以素质教育为指导，树立以学生为主体和“以学生为本”的教学观念，重视学生积极主动参与意识的培养，尊重学生的人格和个性，培养学生学习的自觉性和主动性。

(2)教师要重视教学研究，精心设计教学环节，突出教学的重点和难点。把教学中的学、练、问有机地结合起来，激活学生的思维和创造力，不断启发学生的主体意识和参与热情，从而调动学生的主动参与精神和学习欲望。

(3)注重理论与实践相结合，引导学生掌握武术学习和练习的方法，使学生享受武术学习的过程和快乐，帮助学生获得成功的情感体验。

(4)了解学生的实际情况和个体差异，承认学生差异的客观性，重视学生个性发展，使每个学生都能获得不同的感情体验和有效的发展。

3. 直观性原则

直观性教学原则是指在武术套路教学活动中，教师合理利用学生的各种感官和自身体验，通过各种形式的感知，使学生获得直接的感性认识和运动表象，并与学生的思维和实践活动相结合，达到更好地掌握知识和技术的目的。因此，直观性原则是武术套路教学最为常见和有效的教学原则，也是教师对所授内容进行的最好诠释，以发挥学生的空间想象，在学(模仿)与练习中感知技术动作的概貌，通过启发、提问、诱导和学生的思维活动，强化正确的感觉意识，使之建立正确的动作概念。同时在贯彻这一原则时还应注意“视、听、练”与“想”相结合。其要求如下：

(1)重视直观教学，强化教学中教师示范动作的准确性和规范性，富于较强表现力(形神兼备)的示范，能使学生建立正确的动作概念和感性认识，使学生感受到武术套路的独特魅力。为了加强示范效果，应在示范动作前告诉学生重点看什么，启发学生“看”与“想”相结合；在教学中采用正误对比的示范方法，能够启发学生主动思考，积极地进行分析、对比、判断等思维活动，加深对技术的理解，提高分析问题的能力。同时为丰富武术套路教学形式，应充分利用互联网上的诸多信息、图片和录像等最为直观的教学手段，让学生接受更多的图片和声像信息。

(2)教师的讲解应准确、生动、简明而形象，它既有直观的作用，又能启发学生的思维活动，帮助学生弥补武术动作中所存在不足的地方。并可结合动作示范进行动作方法、动作要领、规格要求以及劲力等方面简要的讲解或提示，以加深学生对动作的理解，进一步明确动作要求和要领。

(3)注重教学中的视、听、练的有机结合，要善于启发学生积极思考，引发学生的想象能力和创新精神。使学生对所学技术动作更加理解，并从教师的示范和讲解中(视、听)获得生动的动作表象，从感性认识上升到理性认识，加深学生对动作技术的掌握和动作之间联系的理解，这不仅能够使学生理解动作原理，快速掌握动作技术，而且会起到“举一反三”“事半功倍”的作用。

4. 循序渐进原则

循序渐进原则是指在武术套路教学活动中，根据学生的实际并在教学内容、教学方法和运动负荷等方面进行科学地安排，符合教学的客观规律，从易到难，遵循系统性和连贯性的要求，使学生逐步得到提高和发展。其基本要求如下：

(1)根据武术套路运动特点和教学规律，准确把握循序渐进原则的“序”。教学内容应根据教学对象而定，应遵循由易到难、由浅入深，由简到繁循序渐进的原则，使所授教学内容能前后有机的衔接。同时还应考虑各类动作之间的横向联系，逐步提高教学内容的深度和广度，使所授教材内容具有科学性、系统性、实用性和可接受性。

(2)教学步骤应遵循由易到难的顺序，即基本功—基本动作—拳术到器械练习；由简单动作到复杂动作，由组合动作到分段动作，再到全套练习；练习则应由口令指挥练习到个人演练这样一个循序渐进的教学程序进行。

(3)武术套路教学是以技能为主的教学，应充分利用教学时间，重点向学生传授相关的武术技能和健身方法，在有限的教学实践中使学生尽快掌握和提高。这就要求教师在教学活动中尽力做到精讲多练。“精讲”就是要求教师根据大纲，合理安排教学内容，突出教学的重点和难点，对动作方法及要求的讲解力求简明扼要，表述准确。多练是在精讲的基础上，有效地掌控练习的时间、合理安排练习负荷和强度。同时还应与知识教学、兴趣培养和个性发展相结合，才能真正达到良好的教学效果。

(4)把学生实践能力和创新能力的培养贯穿在教学的始终，并随着教学内容的不断增加而不断深化。各种能力的培养和提高应做到有计划、有目的、有步骤地实施，逐步增加培养的内容，加大培养力度，使之能够与技术水平、理论水平同步提高。

5. 巩固提高原则

巩固提高原则是指在武术套路教学活动中，使学生掌握的知识与技能，通过反复练习和不断深化得以牢固掌握与提高，并在实践中熟练而灵活地运用。动力定型的形成，必须经过"巩固—提高—再巩固—再提高"的过程，它是动作技术、技能的形成、巩固与提高的生理学基础，是学生掌握知识，不断提高技能水平的必然结果。因此，强调巩固提高原则，引导学生积极主动地重复练习，是建立牢固的动力定型，巩固教学成果的关键，有益于教学质量和学生技术水平的提高。其基本要求如下：

(1)教师应考虑武术套路教学的复杂性，合理控制教学进度的实施，遵循运动技能形成的基本规律，使所授教学内容和技术动作在反复练习和强化中得以巩固，这是运动技能形成不可缺少的阶段。因此，一定的练习时间和练习次数是必不可少的，它能使学生形成的正确技术在反复练习中得以巩固，加深记忆，从而在大脑皮质中建立正确的动力定型。

(2)合理安排课堂练习，有针对性地控制好掌握技术、巩固技术和提高技术三个阶段的运动负荷和强度，巩固所掌握的技术，逐步达到教学要求，真正表现出武术套路的形神之美。学习武术套路是一种手段，而真正达到健体、养身、竞技、观赏必须通过训练使动作熟悉，形成巩固的动力定型，才能真正使运动技艺得到不断深化。

(3)通过评定成绩、技术测验和教学比赛等形式，促使学生将已学套路动作进行全面系统的复习，提高套路动作的熟练程度，这是巩固和提高运动技术最有效的教学环节和方法手段。

(4)注重言传身教与练悟的结合，通过技艺的感性形象对学生的情感和意志实施影响。在提高学生技能水平的同时，将武术文化融入教学之中，提高武德修养，注重兴趣培养和能力发展、个性发展相结合，达到德艺双修的目的。

二、武术套路教学的特点

教学始终是教与学统一的活动，这种教与学的双边活动，是人类特有的人才培养活动，人非生而知之，是学而知之的。因此，武术套路教学是传道授业的实践活动，教师根据教学大纲，按照教学计划进行有目的、有计划、有组织的实施武术套路内容的教育、教养过程，是向学生传授武术套路基本知识、技术和技能，使学生通过直观的认识和反复练习与思维活动相结合，促进学生身心全面发展，培养学生道德品质的实践性活动。同时武术套路教学既具有其他体育项目的共性，又具有自身技术内容的独特性，确定了教学的基本特点。其特点如下：

1. 基本功、基本动作是学习武术的基础

基本功、基本动作是学习武术的开端和基础。在教学过程中，其一应根据教学大纲，合理分配教学时数。其二在教学中应针对教学任务和对象，尽量做到教学的连续性、系统性和多样性。其三武术套路技术动作复杂多变，应根据运动技能形成的规律，循序渐进。其四教材内容的选择和教学步骤的实施，应从易到难，由简单到复杂，同时还要根据武术技术动作形成和提高的特点，在教学中突出和强化基本功、基本动作的练习，这对武术套路教学将起到重要的作用。

基本功、基本动作是武术技术的基本组成部分，是学习武术必备的身体活动能力，也是提高技术能力及心理素质而进行的身体各部位的专门性练习。拳谚说："拳无功，一场空""打拳不踢腿，到名冒失鬼；打拳不活腰，终究艺不高。"都说明了武术套路技术动作与基本功有着水乳交融的关系。因此，基本功、基本动作掌握的正确与否对于学习武术套路、攻防技术和提高技术水平，以及学生学习武术的兴趣具有重要的意义。基本功、基本动作主要包括手型手法、步型步法、柔韧功（肩功、腰功、腿功）、桩功、稳定性的平衡功、灵巧性的跳跃功，以及各种跌扑滚翻等内容。坚持经常性的基本功练习，可以增强各关节、韧带的柔韧性和灵活性，提高肌肉的控制能力和必要的弹性，对于提高动作质量和演练水平、减少伤病和延长运动寿命有着十分重要的作用。基本功是学习武术套路的基础，无论拳术或器械都与基本功有着密切的关系。因此，将基本功、基本动作贯穿于教学的始终，是武术套路教学的特点之一。

2. 注重直观教学，突出动作难点和动作规格

武术套路教学是一个复杂的教学过程，其复杂性主要表现在武术教学过程始终处在一个动态环境之中：教师的语言、动作的直观示范、讲解、纠正等。武术套路教学中，学生首先遇到"三多"问题：一是动作数量多，武术套路中的拳术

或器械一般由若干个组合和数十个动作所组成，动作结构各异；二是动作路线、方向变化多，动作路线的不断变化，形成了往返折叠、复杂多变的路线和位移；三是一个动作包含的因素多，武术套路讲求“内外合一、形神兼备”，外求手、眼、身、步的协调配合，内有精神、意识、劲力、呼吸相统一的要求。另外，不同流派或不同风格的拳种及器械套路都有各自的特点与要求，给学生掌握武术套路动作和教学带来了一定的难度。同时人类认识事物的规律都是从感性到理性的认识过程，在武术套路教学中，应根据这一规律组织教学，在运动技能形成的初期，强调动作路线和规格，可使学生建立正确的动作概貌，教师准确而流畅的示范，对建立正确的动力定型至关重要。武术套路的拳种众多，不同拳种呈现出不同的特点和风格，对动作规格和准确性也提出了具体的要求，这正是体现拳种特点和风格的重要内容，是提高教学质量和教学效果的重要因素。因此，突出动作的规格，是武术直观教学的基础，也是建立正确动力定型的根本保证。

在武术套路教学中教师之所以多以直观方式组织教学，就在于直观性教学有利于学生对动作的理解，建立正确的动作概貌，尤其是在武术套路教学新授内容时，教师领做示范是教学中的一个鲜明特点。同时应根据教学任务、学生的接受能力和练习的实践情况，合理运用各种直观教学的方法组织教学，选择正确的示范位置进行完整示范、分解示范、重复示范、对比示范，并辅之以言语提示、要领讲解、挂图，以及现代化的多媒体教学形式等，使学生对所学套路的动作结构、技术要领和动作方法，逐步形成正确的动作表象。

3.结合攻防动作进行讲解示范，突出劲力和技击特点

武术是中华民族在长期的实践中不断总结和发展起来的，人们对武术的“体用合一”推崇备至，充分体现在武术的攻防技击这一特质上，攻防技击的特点决定了武术的本质属性。武术最初是人类用以满足自身需要和维持生存的一种手段，也是军事训练必不可少的重要内容，这与古代军事斗争紧密相连，其技击特性是显而易见的。随着冷兵器时代的结束和社会的发展，武术最直接的技击价值逐步减退，并逐步演变成为人们喜闻乐见的民族形式的传统体育项目，在随后的发展中不少技术动作在动作规格、动作幅度和节奏变化的要求上与动作攻防技击的原形有所变化，但仍然保持了武术本质特点，许多动作在技法上都具有攻防技击的内涵，有其不同的使用方法和攻防规律。就武术套路的整体来看，仍然是以踢、打、摔、拿、击、刺为主要内容，不仅在技术上体现了技击

方法，也是武术套路发展一直所强调的。

武术套路教学不仅是技术动作的传授，还应抓住不同拳种、器械的技击特点，对动作进行必要的讲解示范，分析动作结构和攻防含义，启发和加深学生对攻防动作的理解，明确动作的合理方法，有利于教学质量的提高。同时，在教学中还应强调武术动作的劲力，没有劲力就无法体现不同拳种的技击风格，劲力与武术技术是密不可分的。所谓劲——就是功夫，法——招法和技巧，拳谚说“拳以劲为上，以法为贵”。因此，劲力讲求方法，劲力不同于一般意义上的力，劲力更强调人体对自身各方面力的准确控制和把握程度，求整是练习劲力基础，也是最重要的环节。武术中的劲力方法十分丰富，总的要求劲力顺达，忌用僵劲硬力。劲有刚劲、柔劲、缠丝劲、圆弧劲、沉坠劲、崩顶劲、劈砸劲、寸劲、化劲、合劲等；各种拳械、流派又有不同的劲力要求。通过对攻防意识的培养和劲力方法讲示，使学生在演练时合理处理动、静、起、落、站、立、转、折、缓、快、轻、重的技术要求，准确把握劲力方法和不同拳种的技击技巧，充分运用武术攻防格斗的规律表现动作的攻防意识，突出不同拳种的风格特征。

4. 注重内外兼修，突出不同拳种的技术风格

套路运动是中国武术独特的运动形式，它是由若干个动作组合而成，通过套路演练的形式体现出不同拳种的技术风格，以提高武术套路的演练技巧和表现能力，是武术套路教学的重要特点之一。

武术套路的演练技巧是展示技术水平最直接的外在表现形式，是表现能力的综合体现。从武术演练技巧的角度来看，更多地体现在突出不同拳种的技术风格、准确运用基本技术和对劲力、协调、节奏以及精、气、神的表现能力。武术套路对技术动作的要求是十分严格的，决非简单的重复，演练时要求动作规格、方法准确、用力顺达、节奏分明，手、眼、身法、步以及各种方法协调配合。通过准确有力的外在动作“形”，把内在的意识和“神”表现出来，呈现出“心动形随”“式断意连”的技术风格。同时中国武术是在实践中形成和发展起来的，总结出了内容丰富的练功方法，强调“拳打千遍，其理自见”“内练一口气，外练筋骨皮”至今为世人所沿用。因此，武术套路演练水平的提高应遵循武术运动的规律，强化对技术动作的理解和武术意识的提高，才能体现出“内外合一、形神兼备”的武术特点。

第三节 武术套路教学的阶段和步骤

一、武术套路教学的阶段

教学阶段是教师根据教学计划和内容，划分不同的教学阶段并确定各个阶段完成的主要任务。在教学实践中，各教学阶段是相互作用、互为联系的整体，具有内在的联系，它是按照一定的时间顺序合理分布，形成有规律的教学阶段。正是由于教学任务的不同和显现出的依次性、渐进性，就更应遵循运动技能形成的规律，并将武术套路教学过程划分为既联系又各具特点的教学阶段。同时，武术套路教学过程是由师生、知识（教学内容）所构成的完全动态的、脑体结合的整体。它是在教师的指导下，通过有效的途径和方法，既要使学生掌握专业知识、技术和技能，又要促进学生身心健康，完善教与学的过程。

由于武术套路教学是一个复杂而精细的教学过程，学生学习和掌握技术动作，都是从不会到会，从初步掌握到基本掌握，从基本掌握到熟练掌握技术动作，并达到动作机能的自动化，这个过程就是动作技能形成的过程。因此，武术套路教学同样应遵循体育教学的一般规律，结合武术套路技术动作的特点，由易到难、由浅入深、循序渐进地分阶段进行，这也是人们认识事物的普遍规律。武术套路技术教学可分为四个阶段。

第一阶段：武术基础性教学，初步掌握动作阶段

武术基础性教学也称之为入门教学。此阶段学习的主要内容包括武术基本功、基本动作、基本组合和基础套路的教学，基础套路的教学多以拳术为基础。初步掌握动作阶段的主要任务是通过教师的讲解、示范及有效的组织练习，使学生对基本功、基本动作、基本组合形成和建立正确的动作表象与概念，初步掌握动作运行路线、动作方向、动作名称、练习方法，明确动作规格，获得感性认识，建立清晰的动作概念。在这一阶段，学生大脑皮质的条件反射相关联系处于泛化阶段，对所学内容或相关动作很容易出现不协调，手忙脚乱等动作表现。因此，在组织练习的过程中，以引导学生抓住动作的关键技术为主，精讲多练以防止错误的出现。同时应注重学生身体素质的全面发展，为动作掌握和技术水平的提高打下良好的基础，以适应武术套路教学训练的要求。初步掌握

动作阶段应注意以下几点：

(1)重视直观示范，教师的示范动作力求规范准确，既要考虑示范的部位和方向，又要让学生从不同角度和方向清晰地观察到动作的过程、顺序、力点，使学生获得生动、清晰和准确的动作表象。

(2)教师的讲解应简明扼要，以掌握正确动作路线为主，不必过多强调动作的细节，使学生建立正确的动作概念，了解完成动作的基本方法和要领。

(3)避免学生紧张情绪和错误动作的定型，应时时抓住学生的心理，注重示范与讲解的有机结合，在强调正确动作重复性练习的同时，抓住动作难点和关键技术环节，把控学生的注意力。

(4)加强全面和专项身体素质的训练，为下一阶段的提高打下基础。

第二阶段：熟练动作教学，熟练提高动作阶段

这一阶段的主要任务是在初步掌握技术动作的基础上，以熟练动作并逐步减少学生一些不协调和各种错误动作为主，通过反复练习和纠正，加深对动作技术的理解，体会和掌握动作要领，掌握动作技术细节，逐步建立正确的动作动力定型，提高其熟练程度和动作的完成质量。同时，可根据学生的实际情况，合理安排拳术、刀、剑、棍、枪等难度稍大的教学套路和传统项目的学习，要求掌握动作技术和不同项目的特点与技术风格。

此阶段学生对运动技能形成的内在规律有了一定的了解，动作的熟练程度不断得到提高。此阶段大脑皮质兴奋与抑制转换过程灵敏性提高，大脑皮质的条件反射相关联系由泛化阶段进入分化阶段。通过反复练习和纠正，学生能逐渐消除因肌肉紧张产生的动作僵硬、不协调和多余的动作，表现为动作趋向熟练和连贯，初步建立了较为正确的动作感知。但动作的熟练程度并不高且不能运用自如，同时因动力定型尚未巩固，在一定强度或遇到外界刺激和干扰等情况时，动作很容易产生反复，甚至使已经掌握的动作技能受到破坏，往往出现不该出现的错误动作和多余的动作。因此，此阶段在建立动力定型的同时，应强调一般身体素质和专项素质的发展，以适应更高的技术要求。此阶段应注意以下几点：

(1)根据学生对动作掌握的情况进行完整示范和重点讲解，使学生所形成的正确动作概念，清晰地了解动作的结构、顺序和要领，并在反复练习中得以加深和巩固。

(2)采取多种练习形式和手段,提高学生的积极参性,及时发现、提示和纠正学生所出现的各种错误,强化正确的动作方法和技术要领,不断提高学生完成动作的熟练程度。

(3)适时提示学生开动脑筋,促进分化和抑制的进一步发展,使动作更加熟练、协调和连贯,在练习过程中结合技术动作分析,善于总结,以加速动作技能的形成,提高学生对动作技术的理性认识。

(4)增强学生练习的信心,消除害怕和害羞的心理。鼓励学生大胆完成动作,强调区别对待、对症下药,减少受伤,帮助学生消除心理障碍。

(5)注重专项素质的发展,为技术的提高打下基础。

第三阶段:改进与提高技术教学,提高技术阶段

这一阶段的主要任务是在学生对套路动作较为熟练和不断改进技术的基础上,进一步提高学生动作的完成质量和表现能力。通过反复纠正和重复性的练习,学生能逐渐消除不协调和多余的动作,表现为动作日趋规范和协调,初步建立了较为正确的动力定型。

随着学生运动技能的形成,学生大脑皮质兴奋与抑制转换过程灵敏性提高,大脑皮质的条件反射相关联系由分化阶段段进入前自动化阶段。因此,教学中就应突出强调武术套路的演练技巧(劲力、节奏、协调)和动作的高质量,在反复练习和纠正中,不断改进中逐步消除肌肉的紧张和错误动作,使学生能独立、流畅和正确地完成动作。可适当安排对练的学习和创编单练套路,并根据学生的身体素质和技术特长,逐步形成学生个人技术特点和风格。同时应根据学习内容适度安排理论知识的传授,以扩大知识面,提高理解能力。在教学方法上要注意以下几点:

(1)教学方法应灵活多样,讲示或分析动作细节。根据学生掌握和练习的实际情况,运用切实可行的教学方法加以指导。如:重点讲示、正误对比、典型示范、提答问题、诱导等方法不断强化正确动作,及时纠错,以解决学生学习上的难点,掌握动作细节,达到准确、自如、协调地完成动作的目的。

(2)注重教学的组织形式,让学生进一步观察和体会技术要领,提高学生演练水平。启发学生的思维,诱导学生积极自觉地纠正和改进自己的错误动作,加深对动作理解。在各种练习时应要求学生把看练习、听要领、记动作同步进行。

(3)把看、听、练、想紧密地结合起来,不断启发学生的思维活动,才能真正达到“熟能生巧”,提高动作质量和演练水平的效果。正确处理好量与质的关系,是改进和提高技术的关键。

第四阶段:巩固完善技术教学阶段

巩固完善技术教学阶段,是提高学生身体适应能力的重要阶段,也是在前三个教学阶段的基础上,通过重复及强化性练习,加深学生对动作攻防内涵的理解和把控,使学生在生理机能、专项能力和心理素质等方面得以全面提高,大脑皮质建立的条件反射不断巩固。此阶段的特点是大脑皮质的兴奋过程高度集中,内抑制能力加强,兴奋与抑制在时间和空间上更加协调和准确。学生技能表现为动作快慢相兼、轻松自如,技术动作不易破坏且稳定,能在不同条件下快速、连贯、准确地完成各类技术动作,形成了较为良好的动力定型。这对武术套路演练水平的提高和形成个人风格特点是十分重要的。

这一阶段的主要任务是在不断强化已形成的运动技能,完善动作技术细节的基础上,根据教学目的,加大练习的负荷,使学生在技术细节上日趋完善,能够快速、准确、轻松自如地完成动作。要求学生对技术动作精益求精和演练技巧的完美表现,以及丰富的想象力和创新意识,并能达到稳定、自动化的程度,能在各种条件下高质量完成单个或全套动作。在全面发展专项素质的同时,注重某些超前素质的发展,真正形成独特的技术特点和演练风格。在教学方法上应注意:

(1)进一步强化动作细节和动作规范,突出项目特点和演练意识。

(2)加强语言信息的反馈,适时启发学生的思维,深入剖析动作的结构与应遵循的规律,采取灵活多样的练习方法,提高学生演练节奏的处理和形神的表现力。

(3)结合教学阶段,采用自评、互评、测验和考核等教学手段,调动学生学习的兴趣和积极性,公正准确地评定学生完成全套动作的情况,以巩固完善动作技能。

(4)注重专项身体素质和心理素质的提高。

以上阶段的划分,只是相对而言。运动技能形成的过程不可能截然分开,而是相互联系,逐渐过渡的,各阶段教学持续时间的长短,必然会受到诸多因素的影响,既与教学方法和手段,训练水平有关,又与学生的兴趣和实际情况有着密切的关系。这就要求教师在武术套路教学中,应根据各阶段教学的主要任务和学生实际情况,因人而异,适时掌握学生在不同阶段动作技能形成的实际情况,灵活运用各种有效的教学方法和手段,使学生在学习中掌握动作,在练习中熟练动作,在纠正中改进动作,在不断巩固中提高,从而以获得更好的教学效果。

二、武术套路教学的步骤

武术套路一般由数十个动作组成,每个动作都包含着路线、方法、规格、劲力,以及节奏和“精、气、神”等武术要素。因此,在实施武术套路教学步骤时,首先应根据运动技能形成的一般规律,从认识——实践——再认识——再实践的反复过程,而这一过程主要是通过有效的方法和教学步骤,从易到难,使学生逐步掌握技术动作。其步骤可分为五个步骤。

第一步　初型概念期:动作初型期是学生在教师的指导下从不会动作到学会动作的过程。这一过程尤为关键,它是通过教师的直观教学,使学生掌握正确的动作路线和动作名称,以及动作方向为教学的主要任务。为使学生建立正确的运动表象,教师应通过准确的示范和简明扼要的讲解,使学生建立动作的基本概貌。同时在教学中应着重强调动作的方向和路线,及时观察和发现学生在练习中出现的主要问题,有针对性地纠正和强化学生对正确动作的感性认知、理解和体会,对动作规格的要求不宜过高,否则会是事与愿违,影响学生的学习兴趣和教学任务的完成。

第二步　基本成型期:基本成型期是在学生基本掌握了动作的方向和路线后,以提高学生完成动作的规范和熟练性为主要任务。教师应根据教学任务和进程的需要,针对技术动作的难易程度采取不同的教学方法,逐步提高技术动作的具体要求,特别是对动作细节更应加以引导和及时纠正,防止形成错误的动力定型。同时,教师的示范领做应由慢变为正常的速度,着重强调动作的姿态、协调和动作规范。俗话说:“拳打千遍,身法自然成。”通过多种形式的练习和严格要求,及时纠正错误动作,狠抓动作要领和手型手法、步型步法、身型的准确与工整,克服动作不协调,紧张和僵硬的反应,使动作逐步向规范化靠拢,达到动作的成型要求。

第三步　连贯定型期:连贯定型期是在学生熟练掌握动作的基础上,使学生熟练、协调、连贯地完成动作为主要任务。武术套路演练注重动作流畅、协调和节奏变化等方面的因素。教师要根据教学步骤和所学套路的特点、动作规格,以及节奏变化等方面的要求,进行有针对性的示范与讲解,加深学生对技术动作攻防含义的理解,以及动作之间,组合之间,段落之间衔的接技巧和方法,通过反复练习和纠正,使学生技术动作达到规范、协调、用力顺达的效果。

第四步 巩固定型期:巩固定型期是以提高学生技术水平,形成正确的动力定型为主要任务。武术套路技术动作的学习是一个积累的过程,也是一个不断练习和提高的过程,要想提高学生的技术水平,就必须使学生的技术动作达到自动化程度。因此,在教学和训练中,教师应通过有效的组织和练习方法,对学生出现的错误动作及时纠正,严格要求,达到巩固和提高技术的目的。同时,要做到在纠正中改进技术,在练习中提高技术,使所学内容得以巩固和提高,达到正确的动力定型。

第五步 内外求整期:内外求整期是使学生掌握武术动作的特点,提高演练水平为主要任务。教学实践中教师通过对动作细节的阐述,剖析动作的攻防含义,以及对动作劲力、节奏和风格的深入分析,引导并强化外在的肢体动作与内在的精神、意气的完美结合。在教师的指导下,使学生体会"内外合一、形神兼备"的武术特点和演练技巧,突出所学项目的特点和技术风格。因此,武术技术的学习和提高是一个长期而艰苦的过程,要想提高演练水平,突出武术的风格特点,教师的严格要求和引导是前提,学生的领悟和自觉练习是关键,只有勤奋、求知,才能心领神会,真正地突出武术的风格和特点。

第四节 武术套路教学组织与方法

一、武术套路教学的组织

武术套路教学的组织形式又可称之为教学技巧或是教学艺术,它是指在教学过程中,教师根据教学任务、教学内容、教学对象,通过时间、空间、人员组合等相互作用时所表现出来的课堂结构形式。在武术套路教学中,教学组织形式的合理化及多样化,能有效促进学生动作技能的形成和提高,同时对提高学生的学习兴趣,保证教学内容的顺利实施具有重要的作用。根据武术套路运动的特点，以及学生的具体情况和学生学习各阶段不同的教学目的任务，可分为教师教学的组织形式和学生练习的活动形式。

1.集体教学

集体教学也称班级授课制，是指教师按照一定的教学目标和原则、根据教学内容，设计教学过程，统一指导全班学生练习同一内容和进度的组织形式和练习方法。由于武术套路教学的复杂性和套路动作的多变性，集体教学人数应控制在15～20人为宜，便于教师对全局的了解和掌控。

集体教学形式可使教师在同一时间为全班学生提供教育，具有一定的规模效益，效率较高，有利于教师的统一指挥和教学时间、教学进程的合理控制，便于贯彻教育教学的意图和集中讲解及示范，可及时发现和观察学生学习情况，能较好地促进学生集体观念的形成和发展。集体教学适合于课的开始、准备阶段，以及新授课的教学、难点动作的纠正和提高、共性错误的讲示和纠正。在集体教学时应注意以下几点：

(1)集体教学过程中应加强课堂纪律教育，强化学生的自觉性。

(2)讲解应简明扼要、示范领做准确、口令洪亮、指挥要恰当。

(3)新授教材教学时，以掌握动作路线、名称和方向并保持一定的队形为宜。

(4)集体教学中运动量应适中，把教师的讲解、示范、正误对比等有机地结合起来。

2.分半教学

分半教学形式是指教师根据教学实际需要，将教学班分成两半，以轮换的形式进行教学。教师先指导一半的学生学习新授教材，另一半学生由教师布置任务和内容，让学生进行练习或复习，然后两组进行轮换的组织形式和练习方法。这种形式一般用于学习较为复杂的技术动作或场地器械不足时的教学。

分半教学形式有利于教师充分指导小组学生进行学习，便于教师的讲解和示范，能提高学生学习的兴趣和主动性。但由于分半教学教师只能局限于所教的一半学生，不可能顾及整个班级，对另一半学生就应提出明确的要求。分半教学时应注意以下几点：

(1)教学时间应对等，教学一半学生时，也应观察和兼顾另一半学生的活动。

(2)合理布置练习内容和任务，提出具体要求。

(3)发挥骨干学生的作用,指定骨干学生负责另一半学生的练习。

3.分组教学

分组教学是教师根据教学需要,把教学班分成若干个小组,每组布置明确的任务和内容,并进行依次轮换的一种练习形式和方法。分组教学的人数应控制在5～8人为宜。分组教学可分为以小组(在指定场地练习)、单排练习,多排观看,轮换练习等形式。

分组教学形式有助于增强学生间的团结互助及合作精神的提升,形成良好的人际关系。有利于发挥骨干学生的作用,激发学生的主观能动性,强化理解,开阔思路,培养学生发现问题、解决问题和独立思考的能力。同时能有效地节省教学时间,既能对个性问题进行重点纠正,区别对待,又能保证重复练习的数量和一定的运动负荷。但由于分组教学时间相对较长,对学生的自觉性和纪律等方面应提出明确的要求。分组教学时应注意以下几点:

(1)任务的布置要明确、恰当、合理。

(2)合理安排分组的人数和练习负荷。教师在分组教学或安排分组练习时,首先应对各小组练习的地点、轮换形式以及练习的次数均要提出明确要求;其次应观察各组的练习情况,以保证学生练习和教学的质量。

(3)有目的地培养骨干学生。培养有一定基础的、接受能力强的骨干学生,让他们在各组练习中发挥其引领、管理、指挥、督促和带头作用。

(4)及时了解各组练习情况,保证教学的秩序。教师应时时掌控和观察各组练习情况,有目的对各小组进行必要的辅导,抓两头带中间,对自觉性差的学生应及时提醒,对认真练习和自觉性较高的学生应给予及时的表扬,树立典型。

4.个别教学

个别教学是教师根据教学实际情况和学习内容,因人而异地给学生布置练习内容,提出明确要求,在一定时间内进行个别辅导,为每个学生提供最佳的教学支持,它是一种有针对性、因人施教的教学形式和方法。

个别教学形式有利于学生的个性发展和自觉性、独立性的形成,便于培养典型和骨干。能及时纠正个性问题,使每位学生都能得到足够关注,尊重学生个体的差距,具有因材施教的特点。但由于个别教学主要是有针对性的教学,不可能全面照顾,对学生独立思考和自觉练习提出了更高的要求。个别教学时应注意以下几点:

(1)布置的任务要明确,要求应具体。在个别教学过程中,教师不可能只对一名学生进行辅导,还必须顾及全班学生。这就需要教师在安排个人练习时,应合理安排好群体的活动,充分发挥技术能力强和骨干学生作用,有意识地培养学生独立思考和自我练习的能力。

(2)抓重点带一般,在重点辅导个别学生的同时,兼顾全班活动,严明纪律。

(3)在个别时,针对性要强,及时纠正存在的问题,使学生有所收获。对学生的点滴进步给予及时的表扬,提高学生的练习热情和兴趣。

(4)合理安排学生练习的强度与负符。对学生实际情况要了解,才能科学合理地安排学生的练习强度和负符,防止学生因疲劳出现不必要的动作错误和受伤。

二、武术套路教学的方法

武术套路教学方法是指教师在教学实践中为实现教学目标和完成教学任务,运用技术性的活动手段,向学生传授武术知识和技术,有效提高学生的技能,发展学生各种能力所采用的手段和途径。为了在有限的时间内,把教学内容顺利地转化为学生的知识和技能,使学生身心得到全面发展,教师必须科学、合理地运用教学方法,它是完成教学任务的重要手段和有效途径,对提高教学质量和学生学习的兴趣有着十分重要的意义。而教学方法必须根据教学任务、教学内容、教材特点、教学条件和学生的实际情况来确定,力求做到以任务为目标,以方法为途经,采用灵活多样、行之有效的教学手段保证教学任务的完成。因此,教法适当,学生就能较为顺利地掌握教学内容;反之,不仅动作学得慢,甚至会出现错误的动力定型,导致学生的学习兴趣下降。重视研究和运用教学方法,不仅对学生学习兴趣、教学质量,师生双方的作用至关重要,也是武术教学工作者所面对的一个极为重要的课题。

武术技术课的教学方法较多,可归纳为以下几种:直观教学法、完整法与分解法、语言法、预防与纠正错误动作法、练习法、比赛法等。各种教学法又包括一些具体方法。

(一)直观教学法

直观教学是武术套路教学中最为常见的一种教学方法。直观教学法是教师在教学中利用或借助肢体动作、语言、挂图和现代教学设备等进行具体形象的教学方法，指导学生经过仔细观察，获得感性认识和直观的体验，从而掌握所学的知识和技能，它是技术动作教学的主要方法。直观教学法主要包括动作示范、挂图和多媒体教学。

1.动作示范

动作示范是武术套路教学中最基本、最常见的一种直观教法，也是最易被学生所接受的方法，常使用在技术初学阶段和技术改进阶段，是形成正确动作技能必不可少的教学步骤。它主要是通过教师准确、规范的动作示范，使学生借助视觉器官在头脑中建立起正确的动作的表象，以了解所学动作的形象、结构、要领、方法和动作各部位的时间与空间的关系等。规范并富有感染力的动作示范，是将教学内容变为最直观的形象，可以使学生从感性认识来获得正确的动作概貌，提高学习的效率，还能使学生产生浓厚兴趣，树立学习信心，提高学生的观察能力，调动学生学习的积极性和求知欲。动作示范具有形象、具体和直观的特点，仍是武术套路教学的主要手段和行之有效的教学方法。为使学生能更全面地感知和观察教师的示范动作，突出示范的目的，取得良好的效果，应注意以下几点：

(1)示范要准确、规范。示范是体现教师技术能力和教学水平的重要方面，在教学过程中教师的示范应吸引学生的注意力，切实保证动作的质量，并做到规范、协调、流畅，从动作的路线、动作力点到身体的配合等都要做到准确无误。

(2)示范要有目的和针对性。教师示范的目的是使学生通过直观的感性认识，让学生观察到动作的过程和细节，形成清晰的、正确的概貌。首先要根据教学需要针对学生学习的实际情况进行示范，其次是根据教学阶段和目的进行示范。

(3)示范位置的选择。示范位置和方向是获得最佳示范效果的重要因素，对示范效果产生直接的影响。因此，示范位置的选择应根据授课班级的人数、场地及队形、示范动作的结构与要求，确保每个学生都能全面、清楚地观察到教师的示范为原则。示范位置有以下 3 种：

①三角顶点示范：教师站在横队的等边三角形的顶点。

②中间示范：教师站在学生队伍的中间。

③斜前方示范：教师根据动作的转化站在前进方向的左或右前方。

(4)示范面的运用。示范面的运用，是教师根据套路动作的结构和示范部位的不同，以及教学任务、步骤、难点和学生的实际情况，采取不同的示范面进行教学。示范面可分为正面、侧面、背面、斜面和镜面等示范面。合理地使用示范面不仅可让学生对动作观察更仔细，而且有利于学生更好、更快地学会和掌握动作，提高学习效率。一般情况下，可选择以下的示范面进行教学：

①正面示范：凡是用于额状面内运动的动作，如并步对拳、马步盘肘等。

②背面示范：凡是在进行体侧动作教学时采用，如弓步冲拳、乌龙盘打等。

③侧面示范：凡是在体前和身体正向行进的动作，如正踢腿、蹬腿、弹腿等。

④斜面示范：凡是介于正面和侧面之间的动作，如侧踢腿、抡臂跑等。

⑤镜面示范：凡是身体侧向行进的动作，如提膝穿掌、仆步穿掌等。

在教学的实践中，示范面是根据动作的难易程度而变化的，对一些比较复杂的动作，可采用多种示范相结合的示范方法进行，如：叉步亮掌侧踹腿，可采取正面示范看手型，侧面示范看清整个动作，注重分解或重点进行示范。

(5)领做示范。领做是武术套路教学中“教”与“学”的双边活动，也是教师的示范与学生的模仿同步进行的教学方法。为使学生更为准确地掌握套路动作，教师的领做示范有助于学生在学习新技术的过程中，易记、易做、易懂，缩短学习时间，提高学习的热情。领做示范时教师应注意示范的位置与示范的速度。

①领做示范的位置。武术套路教学中通常采用长方形体操队形和集体练习的形式组织教学。教师在领做示范时应根据套路动作的运动方向、授课队形和组织形式来选择最佳的示范位置，一般应位于学生的左、右前方或正前方，以不使学生回头看为原则。因此，在教学中教师领做示范的位置是随时变换的，在随队形进行教学的情况下应保持适当的示范距离，使学生尽可能观察到教师的领做，以便学生的模仿，掌握动作路线、方法和姿态，为学生的学习和掌握动作提供有利条件。

②领做示范的速度。在教学中教师领做示范的速度应根据学生的实际水平和接受能力而定，通常在新授动作、难点动作教学时采用慢速或分解示范，以便于学生清楚地观察到动作的路线和方向，并能跟上教师示范节奏，给学生提供一定的模仿时间。同时对动作规格的要求不宜过高，以学会动作为主要任务。随着熟练程度和技术水平的不断提高，可逐步过渡到中速或正常速度进行示范，并通过适当的语言刺激加深学生对动作的记忆。

③领做示范的步骤。武术套路是由数十个不同的动作所组成，这给武术教学和学生的学习带来一定的难度。因此，在武术套路教学中，应根据套路动作的难易程度、教学对象和学生的接受能力，有计划、有步骤地进行。通常运用领做传授一个教学套路时，应先按动作结构的难易程度和套路动作的基本顺序，将全套动作由浅入深，由易到难，或由重点及全面地划分为若干个段落(或按套路的自然段落)，然后在此基础上增加教学层次，确定领做的步骤。领做步骤有如下几种：

拳术套路练习：难点动作教学(上肢→下肢→上下肢配合＋身体等协调配合)→一般动作教学(上下肢配合＋身体、头、眼神等协调配合)→组合动作连接→分段动作连接及动作路线→全套动作连接及动作路线→全套熟练自如。

器械套路练习：徒手练习基础上→熟悉器械→基本动作与器械配合→难点动作教学(上肢→下肢→上下肢配合＋身体等协调配合)→一般动作教学(上下肢配合＋身体、头、眼神等协调配合)→组合动作连接→分段动作连接及动作路线→全套动作连接及动作路线(身、械配合协调)→全套熟练自如。

(6)言传身教，示范与讲解结合运用。示范和讲解是教师必备的教学能力。武术教学本身就是一种实践性教化，这种教化看似一种示范和讲解，实质是教师“言传身教”。我们仅从“传授”和“学习”来看，“身教”即教师的示范，主要是借助于视觉器官的作用，以直观、形象思维为主促使条件反射的形成与发展，它能更好地展现讲解内容有表象，易于收到感知动作形象的效果。“言传”即教师的讲解，生动形象的讲解是通过语言作用于听觉器官的直接方式，可以更好地突出示范的重点，揭示动作的内在联系。示范和讲解的结合是教学中结合最为紧密、也是最有效的教学方法，不仅可使学生通过视觉直接模仿动作，而且可以通过教师简明扼要的语言刺激，让学生进一步明确动作要领和关键环节，使直观表象和思维活动有机地结合，这种视听一体、体脑并用的方法，对教学效果至关重要。在教学的实践中教师应考虑学生的具体情况，有针对性地采用示范和讲解的结合。一般情况下，对技术水平和接受能力较差的学生应以示范为主，讲解为辅；对技术水平较高的学生以讲解为主。因此，示范与讲解结合的方式，应随学习或练习的内容以及学生水平的高低等而有所变化，以吸引学生的注意力和促进动作的掌握为原则，规范、准确的示范和精炼的讲解相结合才能实现最佳的教学效果。

2.图解和多媒体教学

图解教学和多媒体教学是现代武术套路教学中深受学生喜爱的教学手段，它可以加深学生对套路动作的感知，提高学生的学习兴趣和教学效果。

(1)图解教学。俗话说："一图胜千言。"图解教学是武术套路教学中最直接、最简便的教学方法，主要是在学习前或学习后，教师利用教学挂图将教学内容展示给学生进行观摩，学生通过挂图了解动作的外型和动作路线，动作要领，以及易犯错误等。

(2)多媒体教学。随着现代科技的发展，多媒体教学已越来越广泛地运用于体育教学之中，它与传统的教学相比，具有多方面的优势，它集视听为一体，对提高教学质量有着十分重要的促进作用。多媒体教学是教师根据教学需要，将教学内容或套路动作通过计算机的处理，编辑后，以单独或合成的形态表现出来的技术和方法，是教学和训练有效的手段之一，成为教学手段现代化的一个重要标志。

多媒体教学不仅可用于新授套路的学习，而且能更深入地剖析技术动作的细节，有助于学生的感知认识，建立正确的动作概貌，使学生通过正常或快、慢速度的演试对比，充分显示动作的结构、过程、要领，深入了解技术细节和过程，缩短泛化过程，快速掌握学习内容，特别是对较为复杂的跳跃动作、难度动作及攻防技术，能提供更为生动、形象的直观方式，有助于学生对套路动作的理解，领会技术动作的要领和全套动作的节奏变化、风格特点等。恰当地运用多媒体教学，可丰富教学内容，能把学生的认识过程，情感过程和意志过程统一到教学之中，对激发学生的学习动机，调节学生的兴趣，以及提高学生掌握动作的效率和教学质量，有着重要的现实意义。多媒体教学将以形象、再现和高效的表现形式，有效的交互能力，灵活多变的特点在武术套路教学中得到更为广泛的运用。

(二)完整与分解教学法

完整与分解教学法是武术套路教学中最基本的教学方法，具有不同的作用和效果。因此，在教学的实践中教师主要是根据学生的接受能力、专业基础和动作的难易程度，实施不同的教学方法。

1. 完整教学法

完整教学法是从动作起始，完整而连贯地进行教学和练习的方法。完整教学法可使学生了解单个动作的全貌，建立整体性的形象、结构和动作概念。而掌握完整技术是教学的目的，在武术套路教学中应不失时机地采用完整教学法。其缺点是对比较复杂或难度较大的动作时，学生不易掌握动作的难点和细节，缺乏教学的层次性，也难以达到教学的要求。因此，完整教学应考虑学生的实际水平和接受能力，以及动作的难易程度，以达到教学目的。在下列情况下可以运用完整教学法：

(1)在首次传授新动作前，可使学生对所学动作有个初步了解和动作概貌。

(2)动作结构简单且易掌握的动作。

动作结构简单采取完整教学可使学生连贯而完整地掌握动作技术，如分解的过多会破坏动作技术的完整性，不利于学生动作的学习和掌握。

(3)对有一定武术专业基础的学生教学时。

武术运动的实践证明，学生武术专业基础的好坏是建立在实践的基础上，基本技术动作掌握越多，技术动作的运用就越熟练而协调，则学习和掌握新的技术动作也越快。对于武术专业基础较好的学生采取完整教学法，有利于节省教学时间，能有更多的时间进行练习，以提高学生的技术水平。

2. 分解教学法

分解教学法是按照动作的技术特征和动作结构的内在关系，将完整的动作分解成若干环节或按身体的活动部位进行教学的一种方法。分解不是目的，只是教学的手段，其目的是为了更好地掌握完整技术。因此，分解教学有助于学生观察和掌握动作的细节，对所学动作的各部分建立较为清晰的动作概念，减轻学生学习的困难，使复杂动作简单化，易于学生更好更快地掌握动作，达到教学要求。在下列情况下可以运用分解教学法：

(1)动作结构复杂和方向路线变化多的动作。动作结构的复杂性是由其包含因素的多少所决定的，对难度较大且路线变化多和不容易掌握的动作，在划分动作各环节教学时应遵从人体运动的规律，动作结构特征，使分解易于完整，便于动作的衔接和连贯。

(2)具有一定攻防含意，且包含较多攻防因素的动作。武术套路中绝大部分动作都包含一定攻防含意，为使学生更清楚地了解和掌握这类动作，可按攻防动作的多少进行分节教学，重点强调各环节重点，便于学生对攻防动作的理解和动作掌握。

(3)富有顿挫、劲力和节奏变化较强的动作。武术套路中十分注重动作完成过程的轻重、快慢和顿挫等变化，而顿挫性动作掌握的程度，直接影响着肢体动作的表现力和节奏变化。因此，这类动作运用分解教法，其目的就在于使学生深入了解和掌握该类动作在什么地方该顿、该挫，以加强动作的节奏。此类动作可按顿挫小节进行分解。顿挫性的动作一般要有三个因素：

①在一个动作里，含有轻重之分的因素。

②在一个动作里，含有突然改变方向的因素。

③在一个动作里，含有进攻和防守之分的因素。

(4)分解时间不宜过长，应尽快与完整教学结合。分解是为了完整。当学生通过分解练习掌握动作后，就应尽快过渡到完整动作练习阶段，否则分解练习时间过长极容易影响正确动作概念的形成和动作的连贯性。

使用分解教学法时，要注意动作相对的完整性，不宜将动作分解得过于零碎，重视分解的合理性和技术环节之间的有机衔接。同时合理运用分解教学法的目的，是为了让学生更好地掌握完整技术，因而分解教学时间不宜过长，则应尽快地过渡到完整动作，以免影响动作的完整性，使学生能够更快地建立动作的整体概念。在武术套路教学中通常采用完整—分解—再完整的原则，注重分解教学与完整教学有机地结合，使学生通过分解教学能更好地掌握动作的细节和变化，通过完整教学使学生了解动作的全貌。总之，分解教学与完整教学是相互联系的，只有合理运用好这两种教学法才能使学生学会从简单动作到复杂动作，从组合动作到分段动作，最后掌握全套动作。

（三）语言法

语言法是指教师运用各种形式的语言达到传授知识，指导学生掌握技术、技能和进行练习的一种教学方法。简明而风趣的语言对学生顺利完成武术套路教学任务具有重要的意义，它不仅能使学生明确教学任务，端正学习态度，加深对教材的理解程度，同时还能调节课堂气氛，沟通师生情感，了解武术文化的内涵，提高学生学习的兴趣，启发学生的思维，培养学生分析问题和解决问题的能力。

1. 讲解

讲解是指教师应用生动形象的语言向学生阐明动作路线、名称、方法、要领和要求等的一种教学方法。因此，讲解是武术套路教学中最常见和最重要的教学形式，简明扼要、通俗易懂，富有启发性的语言，不仅能指导学生进行学习，激发学生的思维，进而认识、理解和建立正确的动作概念，而且通过讲解可使学生获得和领悟武术身体文化的内涵，并受到启发和教育。因此，讲解是示范的抽象与深化。

(1)讲解的内容：

①讲解动作名称：讲解动作名称是学生学习技术动作最先接触到的，讲解按动作结构和技术特点形成的动作名称。技术动作的名称有许多，如：仆步搂手、缠腕冲拳、燕式平衡、弯弓射虎等。

②讲解动作的路线：讲解动作路线是使学生对所学动作的运行路线和方向有一个清晰的了解和印象，有助于学生对动作的掌握。

③讲解动作的规格与要求：讲解动作规格主要是使学生了解和掌握动作的基本规范及要求，它是学生学习和掌握技术动作的关键。通过讲解使学生进一步明确动作的标准和规格要求，有助于学生技术的掌握和提高。

④讲解动作的基本规律：讲解动作的基本规律是对一些常见的且带有一般规律的动作和基本方法进行必要地讲解，有助于学生对动作记忆的加强和更好地掌握动作。

⑤讲解动作的关键环节：讲解动作的关键环节具有画龙点睛的作用，能使学生对动作关键环节产生深刻印象，帮助学生较快正确地掌握动作。

⑥讲解动作的攻防含义：讲解动作的结构和攻防方法、着力点、打击部位等，能启发和加深学生对动作的理解与掌握，明确动作的合理方法，有利于教学质量的提高。

⑦讲解动作易犯的错误：讲解学习过程中较为常见或易犯的错误，不仅能防患于未然，而且能提示学生在学习和练习中防止这类错误的发生，便于及时纠正。

(2)讲解的方法：

①陈述化讲解：是教师用简明扼要的语言对简单动作或是复习内容进行的讲解，对教学任务、内容和要求的讲述。

②概要化讲解：是教师根据武术动作的要领和规律，归纳出的技术要点所进行的讲解。如弓步的动作要领可归纳为“前腿弓、后腿蹬”，弓步冲拳“一蹬、

二平、膝垂直”(一蹬是后腿蹬直,二平是冲拳平肩和前腿成水平,膝垂直与地面)。这种概要式讲解简单明确,既能提示动作要领,又便于学生的记忆。

③提问式讲解:是教师针对学生完成动作情况向学生提出问题并进行讲解。先提问后讲解的方法,既能启发学生的思维,强化正确的技术要领,又能培养学生发现问题和语言的表达能力。

④术语化讲解:术语是武术的专门用语,具有简明扼要的特点。它是指根据动作名称和归纳出的动作要领所进行的讲解。如“弹腿冲拳”“弓步盘肘”“沉肩坠肘”“寸劲”等。术语式讲解是一种简明扼要且减少讲解时间的有效方法,有利于学生对动作规格了解和动作的掌握。

⑤口诀化讲解:武术口诀是根据动作顺序或动作要领进行高度概括,编成的顺口而押韵的简短语句,称之为武术口诀。如抡臂“顺肩、拧腰、臂伸直”,勾手“五指尖尖紧撮牢,尽量屈腕似镰刀”,正踢腿“踢腿轻放腿松、两直一钩踢如风”。口诀化讲解通俗易懂,其生动性、准确性既能突出动作的要点,又便于学生对动作的理解、记忆和掌握,调动学生学习的热情和主动性。

⑥单字化讲解:单字化讲解是把动作过程的关键环节归纳、总结为简练准确的单个字进行讲解。如旋风脚摆臂、屈膝蹬地跳起、转体、里合击响的过程,归纳为“摆、蹬、转、拍”。单字化讲解既能节省讲解时间,又突出了动作的难点,使学生对动作的难点信息达到准确地把握。

⑦形象化讲解:形象化讲解是用武术动作的“型”(形象或形态)比喻常见或熟之的自然现象。如太极拳动作“迈步如猫行,运劲似抽丝、行云如流水”,长拳技法“拳如流星,眼似电”,仆步穿掌比喻为“燕子抄水”一般。形象化讲解给学生以想象的空间和联想,有利于学生学习的兴趣和动作掌握。

(3)讲解法应注意的主要问题:在武术套路教学的实践中,应突出学生的学与练,教师在教学中的环境远比一般的室内教室更复杂和困难,这就对武术套路教学的讲解提出了更高的要求,在具体运用时,就应注意以下几点:

①讲解要有目的性:教师在教学中的讲解必然有其针对性,这种针对性就是要有明确的目的和指向,即针对教学任务和要求、教学内容的重点和难点、学生学练存在的问题等方面进行切合实际的讲解,讲解内容必须讲求科学性和启发性,时时启发、引导学生的学习。

②讲解要有启发性:启发学生学练的动机、兴趣和自觉性以及积极思维、勇

于实践等。在讲明学习目的、意义和要求时要明确，引导学生端正态度，激发学生的热情。在学习和练习中，可采用示范、对比、提问等方式使看、听、练、想有机的结合，具有较好的启发作用，可起到学有目标，练有动力、举一反三、触类旁通的效果。

③讲解要有专业性(把控性)：专业性是根据武术教学的需要，所讲内容要符合武术运动的特点和规律且是科学的、正确的，不夸张，不庸俗。

④讲解要灵活运用术语：根据教学需要灵活运用武术术语或口诀，术语或口诀是实现专业技术信息交流的专门语言，它指示着动作技术的内在联系与规律。在运用术语或口诀的基础上，根据学生练习情况，可配合使用一些形象化讲解，做某些描述或比喻，可以启迪学生的联想思维。

⑤讲解要简明扼要：教师对技术动作的讲解应简明扼要、突出重点和关键环节，揭示动作结构的内部联系。对技术动作的讲解可按不同教学阶段分别进行讲解，一开始时进行概括性地重点讲解，对技术要领的讲解可分层逐步交代，随着动作的熟练和提高，可进行补充性或提示性讲解，对错误动作的纠正或技术分析性讲解，都应根据教学阶段和学生技术情况，有针对性地提出更高要求。也可把技术重点合理地编成口诀进行讲解，便于学生记忆和加深印象。

⑥讲解要注意符合学生的年龄特点、知识基础，以及认知能力。根据学生的实际情况，易懂、易学、易记是十分重要的。

总之，讲解是武术套路教学的重要方法，在教学实践中讲解法的适时运用，是教师教学能力和教学艺术的具体体现。因此，教师在教学中要应善于观察，善于总结，才能不断地有所发现和创新。

2.口令的运用

口令是教师常见和最为有效的教学方法，它是按照一定的程序，多以提示性或简短的术语下达的口头命令，是组织学生、指挥学生和练习的重要手段。特别是当学生已基本掌握动作的路线和方向时，教师可灵活运用口令指挥学生练习。口令指挥克服了“讲多练少”的缺陷，可使学生有更多的时间进行有效的练习。有节奏且洪亮的口令指挥，不仅能提高学生的注意力和学习热情，而且能使学生在练习的同时获得与“讲”一样的信息，达到改善课堂环境，提高教学质量，促进运动技能的提高。

(1)口令的种类：

①常用口令:这种口令即一动一个呼号,口令的呼号是:1○,2○,3○,4○……(数字为动作顺序,○为休止符,即口令不要拉长,1—8呼)。如有些动作需要分解两个或两个以上的动作连贯练习时,可在原来一动一拍的基础上呼附加口令。口令的运用应根据练习动作有语气上的变化,口令指挥要洪亮有力。

②提示性口令:这一口令提示的主要是动作名称或要领,它是在学生练习过程中,教师运用简短、明确和有力语言信号对学生的练习给予及时的提示和进行启发的提示。运用提示性口令时,预令与动令之间要留有学生思考的时间,时间的长短要根据实际情况而定。提示性口令可分为两种。其一是先提示再呼口令,术语加8呼,提示一般为动作名称,如《五步拳》中"弓步冲拳——1○""弹腿冲拳——2○",前面动作名称为预令,预令声可适当地拉长,后面的呼号为动令。其二是先呼口令再提示,8呼加提示,提示一般是要求或易出现的错误。如《五步拳》中的弓步冲拳接弹腿冲拳,"1○——(弓步)后腿蹬""2○——(弹腿)力达脚尖",前面呼号为动令,后面为提示内容。

③间有分解动作的口令:在武术套路练习时,有一些动作需要分解为三个或四个小节来完成,以帮助学生掌握该动作在套路中所占的时间与节奏,常辅以分解动作的节拍口令。如在八个动作口令中间,第三个口令需要分解为四个小节,这种口令的呼号就变为:1○,2○,到第三个动作是应呼成3①,②○,③○,④○(带有圈内的呼号是分节动作口令)。

④综合性口令:根据学生掌握动作情况和教学任务的需要,在练习过程中可综合运用各种口令。如强化学生动作规格时,可用常用口令;培养学生动作节奏感时,可用快慢相间的不等节拍口令;提高学生动作熟练程度或提示动作方向、劲力时,可运用动作名称"简化单字"的提示性口令,还可以只提示,不呼口令,如走、快、停、缓、转、跳等呼号与单字结合。

(2)口令的要求:

①口令要清晰准确、声音洪亮,要有一定的震撼性和指令性强。

②口令的运用要熟练、准确、果断,使学生能闻声而动,从口令感到振奋和鼓舞。

③口令要与项目和动作的特点相一致,有长有短、有刚有柔、抑扬顿挫、节奏鲜明。

④发音要配合内气的调剂浑圆有力,使学生感到严肃、明确而有感染力。

（四）练习法

武术套路练习法指根据教学任务，在教师指导下，有目的地使学生通过身体和思维活动对所学教学内容进行反复练习的方法。采用练习法不仅能使学生通过切身体会和实践性练习，逐步学会、巩固和提高动作，形成正确的动力定型，而且可以迅速、正确地掌握教学内容。所以练习法是完成套路教学任务的基本方法。武术套路教学中通常采用的练习法有：重复练习法、变换练习法、循环练习法、综合练习法、念动练习法等。

1. 重复练习法

重复练习法是根据练习任务的需要，在相对固定的条件下，不改变动作结构和运动负荷，按动作要领和规范要求进行反复练习的方法。如按动作规格要求和标准，固定的速度重复练习。它的特点是练习条件相对固定，练习的间歇时间没有严格的规定。主要作用是有利于教师的观察，使学生在实践中更清晰地体会动作要领，改进错误动作，在反复练习中快速掌握和巩固动作技术，锻炼身体，发展体能，培养意志品质。因此，重复练习法要根据学生的特点和实际情况，目的要明确，练习要求要切实可行，并根据单个动作、组合动作、分段动作的难易程度，合理安排练习的次数、负荷和强度，以及间距时间，防止错误动作的出现。

重复练习法乂可分为连续重复练习法和间歇重复练习法两种。

连续重复练习法：是指练习之间没有间歇，持续不断地重复练习。它常用来巩固提高基本功、基本技术，基本技能和发展专项耐力素质。如：行进间的各类腿法、各种步型步法、跳跃动作，以及难点动作、组合动作和分段等。连续重复练习法不仅有利于加速动作条件反射的形成和巩固，而且对加强身体锻炼，提高神经系统和心肺系统的机能，发展灵敏、协调和力量素质以及培养完成任务的坚定意志等都有重要的作用。在教学的实践中，教师应充分了解学生的具体情况和机体承受能力，把控好练习强度和密度的关系，合理控制学生连续练习的时间和重复次数，应依据学生承受运动负荷的能力而定。

间歇重复练习法：是指在练习过程中，对所安排的练习内容及数量有相对固定的间歇时间，断续进行练习的方法。如长拳半套重复练习，规定重复练习的间歇为 2～3 分钟；一定数量的专项身体素质重复练习，间歇为 1～2 分钟。此练习主要是对间歇时间施以适当的控制，以强化练习内容的质量和身体素质的提高。而间歇时间的长短，应取决于教学任务和练习性质，以及学生的具体情况，以防止学生疲劳过度为原则。

在武术套路教学中，通常将连续和间歇练习法结合运用，其收效较大：

运用练习法时的注意事项：

(1)练习中对学生分组的人数应保持适中，人数过多或过少过都会影响练习效果。一般来说，对有一定基础的学生在教学练习中，每组人数不宜超过 5 人；基础稍差且套路技术动作难度不大的教学练习中，每组人数不宜超过 10 人。

(2)重复练习法要有明确的针对性和目的性。如课的任务是为了提高专项耐力和身体素质，可采用连续重复练习法；如课的任务是为了巩固提高学生套路演练的熟练性和技术水平，可采用间歇重复练习法。对新授教材或初步教学阶段，重复练习法主要目的，是使学生建立正确的动作概念和体会动作要领；在巩固完善动作技术阶段，其主要目的在于，进一步改进提高动作质量，形成正确牢固的动力定型，而这正是重复练习法的主要功效。

(3)应合理控制练习的强度密度，以及重复练习的组数和间歇时间。对新授教学内容的练习中，强度不宜过大，以免影响掌握正确技术；如以提高学生专项耐力为主，学生技术比较熟练且动作较规范，可适当加大学生练习的密度，而对教材内容难度不大，则应提高练习的次数，缩短练习的间歇时间，使学生有更多的时间进行练习，体会动作要领。

2. 变换练习法

变换练习法是根据课堂练习任务的需要，有目的地变换学生练习形式和条件的一种方法。如改变练习环境和场地、器械的重量；练习负荷大小的变化；变换技术要素，根据需要，可改变动作技术的某一要素，如速度、幅度、姿势、角度等，以及套路单个动作、组合动作、分段、全套的练习方向等。变换练习法是以变换练习条件为主要特点，由于练习条件和运动负荷的不断变换，对提高学生机体的协调能力和练习的适应能力，以及掌握动作技术，提高技术水平等方面都有较好的作用。因此，在运用变换练习法时应有较强的针对性，合理安排动作学习、改进和提高技术时，应对变换的条件和练习内容做出明确的规定、使练习效果符合教学的要求。如进行跳跃动作练习，可采用两人一组托举辅助的练习形式，一人托举，一人练习，在提高学生腾空高度和时间的情况下，使学生有充足的时间完成空中动作，体会跳跃空中的技术要领。

3.循环练习法

循环练习法是根据练习的任务，有目的选定几种练习手段并设置相应的练习点，让学生按照规定的练习顺序、路线和练习要求，逐个逐点依次循环练习的方法。循环练习法的方法有多种，而在教学实践中最常见的是依次循环和分组轮换两种。

依次循环练习，是按照练习前所规定的练习顺序、路线和要求，让学生排成一路纵队依次进行循环练习。分组轮换循环练习，是以分组轮换的形式进行练习，一组按要求完成所规定的循环练习后，另一组再进行练习。

循环练习法既是武术套路教学的组织形式，也是常见的练习方法。其特点是能最大限度地利用授课时间和场地，提高课堂练习的强度和密度，促进身体素质和体能的发展，充分发挥学生的主体作用，激发学生练习的积极性和竞争意识，有助于提高和巩固动作技术。因此，安排循环练习时应根据教学任务的需要，以及教学对象和教学条件的实际情况，合理有序地设计循环练习内容。

4.综合练习法

综合练习法是综合运用某些练习法的特点而组合出的一类练习方法。在教学的实践中，综合练习法并没有固定的练习形式，其目的应根据练习任务的需要和学生的实际情况，合理有效地运用练习方法和手段、练习程序，以及练习强度和密度，使之符合教学任务的需要与练习要求。它的作用是多方面的，既有利于学生更好地掌握、巩固和提高动作技术，较好地培养学生综合运用技术的能力；也能较好地提高学生身体训练水平，对课堂纪律和培养学生的意志品质等方面都有十分重要的作用。综合练习法显著的特点就在于它具有较大的灵活性和适应性，运用此法必须注意练习手段、间歇时间、练习强度以及练习程序的安排，符合完成教学任务的需要和学生承受运动负荷的能力。

练习法常用的有以下几种：个人练习、分组练习、集体练习。

(1)个人练习：个人练习是培养和提高学生练习的自觉性、积极性，以及套路演练能力的一种方法。在教学的实践中有利于因材施教和纠正个别动作，同时还能培养学生的思维能力和独立体会动作的能力。在进行基本功、基本动作和套路练习时，可以采用个人轮流练习法，通过观摩达到相互学习、相互促进、取长补短的目的。

(2)分组练习:分组练习是将学生分成若干个小组,教师提出具体要求,由教师或学生骨干组织练习的一种练习形式。它不仅能节省时间,保证练习的数量与质量,还能有效提高学生的运动负荷,为学生提供更多的相互观摩和学习空间,培养团结互助的精神。此练习有利于教师统揽全局,抓住共性,督促和提示各组自觉完成练习任务。

(3)集体练习:集体练习是学生在教师统一组织和指挥下进行练习的一种形式。它要求教师及时观察学生在练习中所出现的错误,做到有错必纠、有错必讲,讲示结合。其显著特点是统一指挥,统一行动,有令则行,无令则止。此练习利于培养学生服从指挥、顽强的意志品质和集体主义精神。在教学中,教师应根据教学任务提出具体要求,采用不同的练习形式进行教学,使课堂教学形式多样,生动活泼。

5.念动练习法(又称想象练习法)

念动练习亦称想象练习,是指学生在练习中有意识地控制头脑中所形成的动作表象,反复在想象、思索中进行练习的一种方法。它可使学生在较短时间内加速动作技能的形成,有助于提高动作的熟练程度,加深对动作的理解和记忆,促使学生更好地掌握技术,达到提高学生的主动性和练习兴趣的目的。

念动练习法是心理练习的一种,其特点是学生通过对已学动作的想象和体验活动作用于身心,使学生对动作的过程和要领更加清晰。念动练习法正是通过回忆式的思维活动和积极性的练习,加深学生对技术动作的理解、掌握和巩固,进而改善动作的协调性和准确性。此外,念动练习还具有不受场地、器材、时间的限制,可随时进行练习,简便易行的特点,能提高学生思维能力和熟练完成动作的能力,有利于建立和巩固正确的动力定型。因此,进行念动练习时,应努力使想象的动作能伴有身体相应部位神经肌肉反应,多次重复就会起到强化记忆的作用。想象得越具体越细致,效果就越好,这是取得念动练习效果的一个重要因素。在采用此教法时应注意以下几点:

(1)念动练习应有一个适宜的环境,良好的内外环境对练习效果具有较大影响,内外环境越好,越有利于学生全神贯注进行练习和想象能力的发挥。

(2)念动练习要和实际练习相结合。念动练习不是做凭空想象,它是建立在已学动作的基础上,通过回忆和对比想象与本体感觉相结合,对于形成动作表象、提高动作的熟练性和精确性具有良好效果。

(3)准确而完美的动作表象是念动练习效果的关键。念动练习应是想象中最理想或最完美的动作,而不是错误或想象失败的动作。

(4)全神贯注是念动练习的前提。进行念动练习或想象练习时,应精神集中,排除干扰,全神于正确动作的形象,有助于加速学习动作过程,以加深、熟练和巩固动作,提高教学效果。

在武术教学中念动练习只是一种辅助的练习手段,其目的在于更好地掌握教学内容,提高运动技能。因此,在武术套路教学中要培养学生,应时刻注重学生能力的培养,既不能光想不练,也不能光练不想,要贯彻精讲多练、想练结合的原则,才能取得好的效果。

(五)比赛法

比赛法是教学过程中以近似、模拟或真实比赛的形式进行练习的一种方法。也是武术套路教学中运用较广,效果较好的一种教学方法。在教学的不同阶段,教师根据教学任务和要求以及学生技术掌握的实际情况,在制定比赛标准和要求的前提下,可采取适宜学生的比赛练习形式,一般可采取个人比赛、分组比赛、推选学生代表等形式进行教学比赛。这种比赛通常由教师直接评分,学生评分,或两者相结合的形式进行评分。由于比赛法所具有的"竞争"性是普遍存在的,学生往往比平时教学练习时更为认真和全力以赴,同时还要克服心理紧张的情绪完成动作,这对学生的体能、技能、心智能力等方面提出了更高的要求,并能有效地提高学生练习的兴趣,促进技术水平、竞争意识和身体素质的提高。在教学中应特别重视比赛法的运用,并注意以下几点:

(1)比赛法的复杂程度和比赛规则的制订,要符合学生身心发展的特点、技术水平和比赛内容,使之有利于学生体力和智力的发展,身体基本活动能力的提高以及良好思想品德的养成。尤其要注意在比赛中,发展学生观察、分析、判断、果敢行为等的能力,培养正确的胜败观和良好的心理素质。教师应仔细观察学生的表现,及时给以指导和教育。

(2)做好教学比赛前的准备工作。认真检查场地、器材,做好学生心理上的准备,这些是能否顺利进行比赛的重要条件,如果为了节省时间而未充分做好教学比赛前的准备,极易造成伤害事故。既破坏了课堂学习、练习气氛,又达不到教学目的，给学生造成害怕心理，甚至留下阴影。因此，教学比赛前应提出明确的要求，充分做好准备活动，随时注意观察学生的表现，了解学生的心理活动，加强思想教育和组织安全工作，防止伤害事故的发生。

(3)比赛法不能代替武术教学。运用比赛法的主要是检验教学质量，全面地了解学生技术掌握情况。比赛法虽在一定程度上能活跃课堂氛围，提高学生练习的兴趣和热情，促进技术水平的提高。但是，在学生对所学内容还未达到熟练程度或没有掌握技术的前提下，过多地进行比赛，必然会影响学生技术动作的掌握、熟练和提高，不利于正确动作的形成和巩固，进而影响学生学习的积极性和兴趣。

(4)合理控制比赛的次数。比赛法是武术套路教学中的一种方法，但比赛的次数过多既影响正常的教学，也容易减弱学生对比赛的兴趣和积极性，甚至造成学生之间的矛盾。因此，在安排比赛时应做好赛前准备工作和赛后小结，使学生了解比赛的意义和在比赛中存在的问题。

（六）预防和纠正动作错误法

预防和纠正动作错误法，是指教学过程中为防止学生在学习和掌握动作的过程中出现的各种错误而采取的教学方法。由于武术套路教学的复杂性，学生在学习和练习中出现一些错误是正常的，教师应正确对待，同时还应有意识地针对学生出现的问题加以预防和纠正。在武术套路教学中预防和纠正动作错误是十分重要的，它不仅是掌握和提高技术动作的需要，也是有效防止学生因动作错误而出现运动损伤的重要条件。如果对学生出现的错误动作不进行及时的纠正，一旦学生形成错误的动作动力定型，就要付出更多的时间和精力用于纠正。因此，在武术套路教学中，教师必须对学生出现的错误动作进行有效的预防和纠正，做到及时发现，及时纠正。

预防和纠正动作错误时，首先应分析产生错误的原因，然后针对错误的主要原因，选用适合的方法予以预防和纠正。常见的、直接的主要原因有以下五个方面：

(1)学习目的不明确。学习武术的目的不仅要了解武术文化，熟练掌握技术动作，提高攻防格斗能力，更是通过肢体语言体悟武术文化的过程。如没有明确的学习目的，必然影响学生学习的兴趣，导致缺乏学习和完成动作的信心，极易出现错误动作。针对这种思想认识方面的问题，教师应正确引导，加强学生学与练目的性的教育，注重武德的教化作用，激发学生热爱和传承武术文化热情，消除畏难情绪，树立完成动作的信心，培养吃苦耐劳、勇敢顽强，不畏艰险的意志品质。

(2)学生对所学动作技术的概念模糊不清。学生在学习和掌握动作技术时，往往因对动作要领的不明或受原有技能的干扰而出现错误。注重教师的讲解和动作示范的结合，强化学生对动作技术的理解并建立正确而清晰的动作表象，使学生在明确动作要领和要求的基础上，了解动作的难点和关键。同时，在练习的过程中应善于运用有效的教学方法，如启发性、诱导性和转移性练习，以预防和纠正因受原有技能干扰所产生的错误。

(3)教学要求远高于学生实际情况(体质条件、素质水平、技能基础等)，难以达到教学要求。教师在教学过程中很容易出现对学生要求过高，或在动作不熟练和疲劳状况下进行练习，这是较难达到教学要求的，也极易产生和出现错误动作。对于这种情况，教师应根据学生的实际情况，制定切实可行的教学任务和要求，使学生在教学中通过自身的努力，掌握正确的动作并达到教学要求。同时，学生运动技能的提高离不开身体素质的发展，控制学生疲劳的程度，加强针对性地专项素质和辅助性练习，是行之有效的方法。

(4)教学安排不合理，组织教法不当。运动能力的形成是一个循序渐进的过程，有其一定的规律。在武术套路教学中同样应遵循从易到难、从简单到复杂的过程。如教学内容不系统、讲解不清楚、示范不规范等都是导致学生动作错误产生的原因。针对可能发生的问题，教师的备课尤为重要，全面细致地了解学生，认真钻研教材教法，合理安排教学过程，并根据教材特点和动作错误的性质，有针对性地采取切合实际教法。

(5)学生心理承受能力差。武术套路技术的学习不仅要熟练掌握全套动作，理解动作攻防含义，而且还要在快速多变的动作变换中突显“演”的表现力。心理承受能力差是多方面因素造成的，教师就应根据学生的技术水平，有针对性的安排练习内容，提出相应的要求，加强诱导和提示，鼓励学生大胆完成动作，从而减轻学生的心理压力。

第三章　武术套路竞赛与规则知识

第一节　武术套路重大赛事

“发展体育运动，增强人民体质”是毛主席在新中国成立之初的题词，这一题词旨在全面提高全民族的健康体质和改变我国竞技体育运动水平落后的双重任务，也是我国体育发展的重要指导思想。1953 年，在天津举行了新中国成立后第一次较大规模的全国民族形式表演及竞赛大会，武术成为大会主要表演的项目之一，迈出了进入体育竞赛领域的第一步，以此为标志，现代武术竞赛开始诞生。1956 年举行了全国十二单位武术表演大会，1958 年 9 月中国武术协会成立，它的成立推动了武术事业的有序发展，促进了武术运动的广泛交流、普及和提高，也为今后武术运动的健康发展奠定了坚实基础。

今天，武术早已成为世界性的体育竞技项目，不仅有全运会、全国锦标赛、还有亚运会、世界武术竞标赛等。1999 年 6 月，国际奥委会正式承认了国际武术联合会，使世界各地的武术团体和武术爱好者有了一个共同的家园，为武术运动的传播与交流奠定了组织基础。

目前，武术套路运动的主要赛事有以下几种：

一、世界性武术比赛

（一）世界武术竞标赛

世界武术锦标赛是武术最高级别的国际性大赛，每两年举行一次。从 1991 年开始至今已成功举办了 14 届，它是国际武术联合会举办的规模最大、级别最高、参赛人数和参赛国家和地区最多的世界性武术比赛。（见表 3-1-1）

表 3-1-1 历届举办世界武术锦标赛的国家和城市

分类	举办时间	举办国家	举办城市
第一届	1991	中国	北京
第二届	1993	马来西亚	吉隆坡
第三届	1995	美国	巴尔迪摩
第四届	1997	意大利	罗马
第五届	1999	中国	香港
第六届	2001	亚美尼亚	埃里温
第七届	2003	中国	澳门
第八届	2005	越南	河内
第九届	2007	中国	北京
第十届	2009	加拿大	多伦多
第十一届	2011	土耳其	安卡拉
第十二届	2013	马来西亚	吉隆坡
第十三届	2015	印度尼西亚	雅加达
第十四届	2017	俄罗斯	喀山市

(二)亚运会武术比赛

1985 年,在西安举行了首届国际武术邀请赛,并成立了国际武术联合会筹委会,这是中国武术发展中历史性的突破。1987 年第一届亚洲武术锦标赛在日本横滨成功举行,推动了武术在亚洲各国的普及和发展。1990 年,武术正式列入亚运会的竞赛项目,标志着中国武术走向世界步入了发展的新时期。

亚运会武术比赛起始于 1990 年,至今已举办了 7 届。它们分别是第十一届北京亚运会、第十二届日本广岛亚运会、第十三届泰国曼谷亚运会、第十四届韩国釜山亚运会、第十五届卡塔尔多哈亚运会、第十六届中国广州亚运会、第十七届韩国仁川亚运会。

(三)其他世界性武术比赛

除了世锦赛和亚运会之外,其他有一定影响的世界性武术比赛还有亚洲武术锦标赛、欧洲武术锦标赛、泛美武术锦标赛等。亚洲武术锦标赛开始于 1987 年的日本横滨,每两年举办一次。此外,在东亚运动会和东南亚运动会等地区综合性的运动会上,武术也均被列为常设的正式比赛项目。

二、国内武术比赛

(一)全运会武术比赛

武术是目前全运会所有比赛项目中唯一的非奥运项目。综观武术项目在这十三届全运会的发展历程,从开始的表演项目到成为正式比赛项目,充分表明武术在全运会全国最高级别的赛场上发展得越来越好。

第1届全运会于1959年9月在北京举行,武术设有比赛项目和表演项目。

第2届全运会于1965年9月在北京举行,武术被列为表演项目。

第3届全运会于1975年9月在北京举行,武术设规定拳、规定枪、自选拳、自选器械、自选表演项目等5项。

第4届全运会于1979年9月在河北石家庄举行,武术设有甲组拳、自选拳、自选器械,还有传统拳和对练项目。

第5届全运会于1983年9月在上海举行,武术被立为表演项目。

第6届全运会于1987年11月在广东东莞举行,武术被正式列为全运会比赛项目,设金牌16枚。

第7届全运会于1993年8月在四川温江举行,设金牌6枚。

第8届全运会于1997年10月在上海举行,武术设金牌12枚。

第9届全运会于2001年8月在广东顺德市举行,武术设金牌12枚。其中男女各设长拳全能一项(自选、新编国际竞赛套路),南拳全能一项(南拳、南棍),太极拳全能一项(太极拳、太极剑),剑、枪全能一项,刀、棍全能一项,对练一项。

第10届全运会于2005年9月在江苏南京市举行,武术设金牌12枚。武术竞赛项目同第9届全运会。

第11届全运会于2009年10月在山东滨州市市举行,武术设金牌12枚。武术竞赛项目同第10届全运会。

第12届全运会于2013年10月在辽宁沈阳市举行,武术设金牌7枚。其中男女各设长拳全能一项(男子为长拳、刀、棍;女子为长拳、剑、枪),南拳全能一项(南拳、南刀、南棍),太极拳全能一项(太极拳、太极剑),男女混合团体一项(男子剑、枪;女子刀、棍;男子三人对打拳、女子二人器械对练)。

第13届全运会于2017年8月在天津市举行，武术设金牌7枚。武术竞赛项目同第12届全运会。

从以上十三届全运会武术项目设置的变化，可以看出武术竞赛正得到进一步完善。

(二)全国性武术比赛

1.全国武术套路锦标赛

为推动武术套路运动的快速发展和竞赛工作的需要，1989年原国家体育运动委员会将全国性武术比赛改为全国武术套路锦标赛，由各省市专业队运动员、各行业体协、各体育院校参加。并采取了一系列的改革措施，把武术套路锦标赛分成团体赛和个人赛分开进行。武术套路锦标赛每年举行两次，上半年是团体赛，下半年是个人冠军赛。

自“第九届全运会”和新的《武术套路竞赛规则》推行后，上半年为全国武术套路锦标赛(比赛不再进行团体赛)，下半年是全国武术套路冠军赛，各单项前16名进入下半年的冠军赛。同时为了更好地传承传统武术，最大限度地推动传统武术的发展，增设了全国武术套路(传统项目)冠军赛。

2.全国武术太极拳、剑、推手比赛

太极拳、剑、推手比赛是20世纪80年代后期兴起的单列拳种的全国件比赛。1986年国家体委正式将太极拳、剑、推手比赛单列为全国正式比赛项目，每年举行一次。竞赛项目分为3类：(1)太极拳：42式，陈、杨、武、吴、孙式竞赛套路；(2)太极拳竞赛套路；(3)太极推手。开始时太极拳推手只进行男子比赛，按体重分设9个级别。规则还规定选报太极剑和太极推手的运动员必须选报太极拳。从1994年起女子太极推手也成为正式比赛项目。

3.全国武术套路锦标赛(太极拳赛区)

20世纪90年代末，由于种种原因全国武术太极拳、剑、推手比赛中的推手比赛一度停止。现在太极推手比赛已不在锦标赛之列，而太极拳、剑则被列入全国武术套路锦标赛，每年的下半年举行一次全国武术套路锦标赛(太极拳赛区)。竞赛项目分为4类：(1)太极拳：42式，陈、杨、武、吴、孙式竞赛套路；(2)太极拳自选套路(单人)；(3)太极拳自选套路(男子双人、女了双人、男女混合)；(4)太极拳集体项目。

4.全国武术套路青少年锦标赛

全国武术少年比赛,是全国性的青少年武术赛事,它始于1984年的全国业余体校武术分区赛,分别在江苏苏州和河北承德举行;1985年改分区赛为全国比赛并在石家庄举行;1986年改为全国少年"武士杯"武术比赛,在长春市举行;2002年又改为全国青少年武术锦标赛,在江西宜春市举行。

第二节 武术套路竞赛制度

一、武术套路竞赛项目

1.自选项目

(1)自选拳术:长拳、南拳、太极拳。

(2)自选器械:剑术、刀术、枪术、棍术、南刀、南棍、太极剑。

2.规定项目

(1)规定拳术:各项目规定拳术。

(2)规定器械:各项目规定器械。

3.对练项目

徒手对练、器械对练、徒手与器械对练。

4.传统项目

其中其他拳术项目包括四类:

第一类:形意拳、八卦掌、八极拳。

第二类:通臂拳、劈挂拳、翻子拳。

第三类:地躺拳、象形拳等。

第四类:查拳、花拳、炮拳、红拳、华拳、少林拳等。

其他器械项目包括3类:

第一类:单器械。

第二类:双器械。

第三类:软器械。

5.集体项目

二、武术套路竞赛有关规定

1.运动员竞赛年龄分组规定

(1)成年组:18 周岁以上(含 18 周岁)。

(2)青少年组:12 周岁～18 周岁以下。

(3)儿童组:不满 12 周岁。

2.礼仪

运动员听到上场点名,完成任务比赛套路和现场成绩宣告时,应向裁判长行抱拳礼。

3.计时

运动员由静止姿势开始动作时,计时开始;当运动员完成全套动作后并步站立时,计时结束。对练以倒地或抛弃器械结束整套动作者,须先站立做并步收势,计时结束。

4.套路完成时间的规定

(1)自选项目:长拳、南拳、剑术、刀术、枪术、棍术、南刀、南棍套路,成年不少于 1 分钟 20 秒。青少年(含儿童组)不少于 1 分钟 10 秒;太极拳,太极剑套路为 3～4 分钟。

(2)规定项目:太极拳套路为 5～6 分钟,太极剑套路为 3～4 分钟。

(3)对练套路不得少于 50 秒。

(4)传统套路不得少于 1 分钟。

(5)集体项目不得少于 3～4 分钟。

5.比赛音乐的规定

配乐项目必须在音乐(不带歌词)伴奏下进行,音乐可以根据套路的编排自行选择。

6.比赛服饰的规定

运动员应穿武术比赛服。

7.比赛器械的规定

必须使用国家体育总局武术运动管理中心指定的刀、枪、剑、棍等器械。

表 3-2-1 为自选器械规格确定表[2002 年武术竞赛规则(试行)]。

表 3-2-1 自选器械规格确定表

男子		女子	
身高	型号	身高	型号
1.50m 以下	M1	1.45m 以下	F1
1.50～1.55m	M2	1.45～1.50m	F2
1.55～1.60m	M3	1.50～1.55m	F3
1.60～1.65m	M4	1.55～1.60m	F4
1.65～1.70m	M5	1.60～1.65m	F5
1.70～1.75m	M6	1.65～1.70m	F6
1.75～1.80m	M7	1.70～1.75m	F7
1.80～1.90m	M8	1.75～1.80m	F8
1.90m 以上	M9	1.80m 以上	F9

注:儿童不受指定的限制。

8.竞赛场地的规定

(1)个人项目的场地为长 14m,宽 8m,其周围至少有 2m 的安全区。

(2)集体项目的场地长 16m,宽 14m,其周围至少有 1m 的安全区。

(3)比赛场地四周内沿应标明 5cm 宽的白色边线。

(4)场地的地面空间高度不少于 8cm。

(5)两个比赛场地之间的距离不少于 6m。

(6)根据实际情况比赛场地应高出地面 50～60cm。

第三节 武术套路竞赛规则知识

一、裁判员的分组与评判

武术套路竞赛中,自选类裁判员由 A 组评分裁判员 3 人,B 组评分裁判员 3 人,C 组评分裁判员 3 人。

A 组评分裁判员:主要负责动作规格的评分,实行扣分制。

B 组评分裁判员:主要负责演练水平的评分,实行给分制。

C 组评分裁判员:主要负责动作难度的评分,实行加分制。

二、自选项目的评分方法

长拳、太极拳、南拳、剑、刀、枪、棍等各项目比赛的满分为 10 分(不含创新难度加分)，其中动作质量的分值为 5 分，演练水平的分值为 3 分，难度的分值为 2 分(包括动作难度分值 1.4 分，连接难度分值 0.6 分)。

(一)动作质量的评分

动作质量的评分，由 A 组评分裁判员根据运动员现场完成动作的质量，按照动作规格常见错误内容及扣分标准的要求，用动作质量的分值减去各种动作规格错误和其他错误的扣分，即为运动员的动作质量分。

(二)演练水平的评分

演练水平的评分，由 B 组评分裁判员和裁判长根据运动员整套的演练水平，按照演练评定等级分，并对动作劲力、节奏及音乐的要求整体评判后确定的等级平均分数减去另外 2 名裁判对套路编排错误的扣分，即为运动员的演练水平分。

(三)动作难度的评分

动作难度的评分，由 C 组评分裁判员根据运动员现场整套难度动作和连接难度的完成的情况，按照《动作难度等级及分值确定表》(太极拳按《太极拳难度动作等级及分值确定表》)和《连接难度内容及分值确定表》的加分标准，确定运动员现场完成动作难度、连接难度的累计分，即为运动员的难度分。

1. 动作难度(动作难度的评分满分为 1.4 分)

(1)根据“动作难度等级及分值确定表”，每做一个 A 级动作可获得 0.2 的加分，每做一个 B 级动作可获得 0.3 的加分，每做一个 C 级动作可获得 0.4 的加分。每种动作难度的加分只计算一次；动作难度的加分累计中，如超过了 1.4 分，则按 1.4 分计算。

(2)运动员完成动作难度时不符合规定要求，则不计算动作难度加分(详见《动作难度完成不符合规定确认表》)。

2. 连接难度(连接难度的评分，满分为 0.6 分)

(1)根据各项目“连接难度等级内容及分值确定表”，每完成一个 A 级连接可获得 0.05 的加分，每完成一个 B 级连接可获得 0.1 的加分，每完成一个 C 级连接可获得 0.15 的加分，每完成一个 D 级连接可获得 0.2 的加分。每种连接难度的加分只能计算一次，连接难度加分的累计中，如超出了 0.6 分，则按 0.6 分计算。运动员现场完成的连接难度不符合规定要求，则不计算连接难度加分。

(2)有效连接难度加分根据《长拳，太极拳，南拳，器械和抛接器械连接难度内容及分值确定表》进行评判。

(四)创新难度的评分

(1)临场成功完成被确认的创新难度动作,由裁判长的分值给予加分。

(2)由于失败或与鉴定确认动作不符,不予加分。

(3)若整套难度加分超过了3分,可超额计算难度加分。

其标准为:完成一个创新的B级动作难度(含连接难度)加0.2分;完成一个创新的C级动作难度(含连接难度)加0.3分;完成一个创新的超C级动作难度加0.4分。

由于失败或与鉴定确认动作难度不符,不予加分。

(五)自选项目运动员的应得分与最后得分的确定

动作质量评分+演练水平评分+动作的难度评分+创新动作难度评分,即为运动员的应得分。

裁判长从运动员的应得分中减去"裁判长的扣分",加上创新难度的加分即为运动员自选项目的最后得分。

三、其他拳术,器械及对练,集体项目的评分方法

(一)评分方法

(1)评分裁判员由评判动作质量分的裁判3~4名(A组)、评判演练水平分的裁判3~4名(B组)组成。

(2)各项比赛的满分为10分。其中动作质量的分值为5分;演练水平的分值为5分。

(3)A组裁判员根据运动员现场完成动作的质量,按照各项目动作规格及其他错误内容扣分标准的要求,用动作质量的分值减去各种动作错误和其他错误的扣分,即为运动员的动作质量分。

(4)B组裁判员根据运动员整套的现场演练,按照劲力、节奏、编排以及音乐的要求整体评判后确定示出的分数,即为运动员的演练水平分。

(二)其他拳术,器械及对练,集体项目应得分与最后得分的确定

动作质量组裁判员和演练裁判组裁判员分别根据运动员现场整套发挥的技术水平,按照动作质量和演练水平的评定标准整体评判后,确定示出的分数之和,即为运动员的应得分。

裁判长从运动员的应得分中减去“裁判长的扣分”,即为运动员其他拳术、其他器械、对练和集体项目的最后得分。

四、常见规格动作错误及扣分标准

常见规格动作错误及扣分标准见表3-3-1。

表3-3-1 常见规格动作错误及扣分标准

<table>
<tr><th>类别</th><th>动作</th><th>扣分内容</th><th>扣分</th><th></th></tr>
<tr><td rowspan="11">难度动作</td><td rowspan="3">平衡</td><td>侧踢抱脚直立(含朝天蹬)
后踢抱脚直立</td><td>支撑腿弯曲
上举腿膝部弯曲</td><td rowspan="18">每出现一次扣0.1分,为累计扣分</td></tr>
<tr><td>后插腿低势平衡</td><td>插出腿膝部弯曲或脚触地</td></tr>
<tr><td>十字平衡</td><td>躯干低于水平</td></tr>
<tr><td rowspan="3">腿法</td><td>直身前扫540
直身前扫900</td><td>支撑腿大腿高于水平
扫转腿未伸直
扫转腿脚掌离地</td></tr>
<tr><td rowspan="2">蹬脚,分脚</td><td>支撑腿弯曲</td></tr>
<tr><td>上举腿膝部弯曲</td></tr>
<tr><td rowspan="5">跳跃动作</td><td>腾空飞脚(含双飞脚,连环飞脚)</td><td rowspan="3">击响腿脚未过肩
击拍落空</td></tr>
<tr><td>旋风脚360、540、720</td></tr>
<tr><td>腾空摆莲360、540、720</td></tr>
<tr><td>旋子,旋子转体360、720</td><td rowspan="2">腾空转体时,躯干高于或低于水平45以上(含45)</td></tr>
<tr><td>腾空侧踹腿转体侧扑</td></tr>
<tr><td rowspan="7">一般动作</td><td>步型</td><td>弓步、马步、仆步、虚步</td><td>弓步,仆步,马步,虚步脚跟离地两腿接近直立</td></tr>
<tr><td rowspan="2">腿法</td><td>正踢腿,后扫腿,击响性腿法,</td><td>正踢腿脚尖未触及前额
扫转腿脚跟离地
击响性腿法击拍落空</td></tr>
<tr><td>跌竖叉</td><td>后腿膝部明显弯曲</td></tr>
<tr><td rowspan="4">器械方法</td><td>刺剑,挂剑,撩剑</td><td>刺剑时手臂未与剑身成一直线
挂剑,撩剑直腕</td></tr>
<tr><td>扎刀,缠头,裹脑</td><td>扎刀时手臂未与刀身成一直线
缠头,裹脑时刀背远离身体</td></tr>
<tr><td>扎枪,拦枪,拿枪</td><td>扎枪时手臂未与枪身成一直线
拦枪,拿枪时枪尖未划弧</td></tr>
<tr><td>平抡棍,舞花棍</td><td>平抡棍未呈平圆,舞花棍未呈立圆</td></tr>
</table>

五、其他动作常见错误及扣分标准

其他动作常见错误及扣分标准见表 3-3-2。

表 3-3-2　常见其他动作错误及扣分标准

错误种类	错误内容及扣分标准		
	扣 0.1 分	扣 0.2 分	扣 0.3 分
服饰、饰物影响动作	刀彩、剑穗、枪缨掉地服饰开纽、撕裂、服饰掉地、鞋脱落		
器械触地、脱把碰身、折断、掉地	器械触地、脱把或碰身	器械折断（含即将折断）、枪头掉地	器械掉地
出界	身体的任何一部分触及线外地面		
失去平衡	上体摇晃、脚移动或跳动	手、肘、膝、器械给予附加支撑	倒地（双手或肩、头、躯干、臀部的触地）
遗忘和拖延时间	遗忘一次、起势或收势有意拖延时间达 6s		
平衡时间	持久性平衡静止时间不足 2s		

注：1. 器械接触线外地面或身体某一部分在空间超越了场地，不应判为出界。

2. 在一个动作中，同时发生两种以上其他错误，应累计扣分。

第四章　武术套路创编与图解知识

武术是中华民族在长期的生产与斗争实践中创造出来的，其形成、发展、演变是一个漫长持久的过程。在几千年的历史发展进程中，武术既受到中国传统文化的深刻影响，又与地域文化有着密不可分的关系，逐步形成了以地域为代表、以拳种为特色，内容极其丰富的武术套路运动。新中国成立后，武术运动得到了迅猛发展，特别是新编武术套路的推行，推动了武术的普及与提高。武术套路创编也因此成为教学与实践的重要内容，是学生必备的基本能力。它既是一种高层次的思维过程，又是一种高层次的实践过程。因此，在注重素质教育的时代，学生能力的培养尤为重要，只有不断提高学生在实践中灵活运用已学知识的能力，才能真正锻炼和提高学生从事武术教学与训练的实际工作能力。研究和创编武术套路，对于武术套路的发展和传播有着十分重要的意义。

第一节　武术套路创编

在研究和创编武术套路时，应认真贯彻“古为今用”和“百花齐放，推陈出新”的方针，对传统武术套路要认真研究和分析，尊重传统素材，取其精华，去其糟粕，使创编出的武术套路能发挥作用。

一、武术套路创编的基本知识及依据

（一）武术套路创编的目的和意义

1. 中华人民共和国成立后，新编武术套路的特点和代表性年代

(1)创编出了具有简单、易普及的规定套路。20 世纪五六十年代，为满足武术竞赛和推广的需要，由中国武术协会组织专家进行了认真的研究和探讨，创编出了各类易普及的推广套路和竞赛规定套路。如：在杨氏太极拳的基础上，创编了适应性广泛的二十四式简化太极拳；在查、洪、炮、华、花、少林等拳种的基础上，创

编了初级拳械(刀、枪、剑、棍)套路,甲组、乙组拳械(刀、枪、剑、棍)套路。

主要特点:动作规范,以规定套路为主。易于普及和推广,满足了不同习武者的需求。新编套路吸取了主要流派的特点,内容丰富,特点突出。

(2)自选套路出现和创编,符合当时“百花齐放”的方针。20 世纪 70 年代末、80 年代初,打破了以往的习练或竞赛中常见的规定套路,出现了各类自选项目,这些自选项目均在规则规定的范围内,由运动员根据自己和特点自行创编。

主要特点:动作新颖,路线复杂。步型、跳跃和平衡类动作多,展示出运动员扎实的基本功。发挥出运动员的创造力,突出了个人风格和特点。

(3)创编国际竞赛套路,适应国际竞赛的需求。20 世纪 90 年代初,为满足国际武术套路竞赛的迅速发展和需要,先后创编出了第一套、第二套、第三套国际竞赛规定套路。

主要特点:套路难度适中,动作讲求规范。各项目内容丰富、结构严谨、节奏流畅、布局合理、方法多样。

(4)创编了具有一定影响的传统套路,推动传统武术的发展。对一些源流有序、拳理明晰、风格独特、自成体系、流传广泛,影响较大的传统武术拳种,如螳螂、形意、八极、八卦、劈挂等,创编了系列初、中、高级规定套路;陈、杨、吴、孙氏太极拳的竞赛规定套路。

主要特点:套路动作来源于传统套路,动作朴实实用。初、中、高级三级套路的复杂程度逐步提高。

(5)为适应竞技的需要,创编了“指定动作”和新规则中的动作难度体系。20 世纪 90 年代末,由国内著名专家和教练员共同研究,创编了“指定动作”自选项目必选难度;2003 年后,创编了更为合理、体现运动员竞技能力的动作难度体系,如动动连接难度、器械的抛接难度和诸多平衡、跳跃和翻腾等动作难度,有利于武术套路比赛的公平、公开、公正的竞赛原则。

主要特点:突出了体育竞技比赛的原则。动作难度大,减少了一些硬性规定,套路更为丰富。

2. 创编的目的和意义

武术套路的创编过程,其实质是一个继承、发展和推陈出新的过程。而这一过程,必然遇到需要与存在的矛盾,由此进行新套路的创编,有继承的内容,有改造的因素,从而达到满足社会需要的目的。武术是传统项目,传统是一个时间概念，是相对于过去而言的，将来看现在的事物也会被认为是传统的。因此，继承是基础，发展是关键。武术套路的创编也要源于传统而不局限于传统，以创新求发展。其目的意义有五点：社会需求推动了新编武术套路的产生；满足竞技比赛需要；满足防身需要；满足娱乐表演需要；满足传承武术文化和健身需要。

（1）社会需求推动了新编武术套路的产生。有利于武术套路的普及与发展，打破常规和武术中的门派观念，这是武术文化的融合。

（2）满足竞技比赛需要。通过竞赛，交流和切磋技艺，既促进了运动员技术水平的提高，同时竞赛也是宣传和推广武术套路的重要途径，使中国武术最大化向前发展。

（3）满足防身需要。明代程宗猷在著作《耕余剩技·单刀法选》中说："以前，苟不以成路刀势。习演精熟，则持刀运用、进退跳跃、环转之法不尽。犹恐临敌掣肘。故总列成路刀法一图"。由此可见，经常习练套路既是演习，也是强化，可提高实用防身能力。因此，在创编时应筛选出简单而实用的攻防动作，创编出路线简单，动作简捷的套路加以习之，满足人们防身、健身的需要。

（4）满足娱乐表演需要，这是武术所具有的独特娱乐表演的功能。自古就有"武""舞"相通的诸多文献。而当今社会这种武术娱乐表演的创编更是喜闻乐见，如：影视武术、商业武术表演（风中少林）以及大型武术表演（奥运会开幕式）等。为各种形式和需要所创编出的各种套路，已成为人们生活休闲的一个重要组成部分，能满足人们精神生活的需要。

（5）满足传承武术文化和健身需要。"普及"才是武术发展的重要动力。2004 年中宣部和教育部联合颁布《中小学开展和培育民族精神实施纲要》，要求"中小学要将民族精神教育内容纳入各学科，体育课适量增加中国武术等内容"。武管中心组织专家先后创编出了易于配乐的操练化套路武术操以及武术段位制的套路，这些新编套路易学易练，动作要简单，满足了学生的健身、审美和防身等需要，而在习练中的教化和熏陶，对弘扬传统美德和传承中国武术起到了积极作用。同时随着全民健身活动的开展，一些新编武术套路更是满足了大众的生活和精神需求。

（二）武术套路创编的基本知识

1. 武术套路创编的概念及含义

所谓武术套路创编，是以武术本质属性和技术动作素材为基础，根据创编需要，将原有动作素材进行筛选、组合和有机的连接，并加上起收势，形成一个完整的套路。

武术套路创编必然有对原有套路引用、借鉴的成分，但绝不是对某个或某几个套路简单的修改与整合；而是在典型动作、动作组合，以及结构布局、劲力节奏、往返路线等方面重新组合与编创，具有一定的新意和特点，突出一个“创”字。套路创编一般在难易程度、运动量、运动强度、适应人群等方面表现出自己的特色与发展空间。如二十式太极拳、初级长拳、国际竞赛规定套路等，这样的创新性编创方式可称为创编。因此，武术套路创编的依据是创编实践活动必须遵守的基本准则，创编目的即创编的动机和创编所要达到的目标。

2.武术套路的结构

武术套路内容结构，一般包括手、眼、身法、步以及拳术和器械方法结合身体姿态的完整动作；若干个相同或不同的单个动作连接而成的组合动作；组合连接起来的分段动作；以及若干个往返分段所组合成的完整套路。武术套路的运行包括开始（起势）、运行中（往返分段）、结束（收势）。

套路的内容结构应突出创编项目的技术风格，不能脱离创编项目所属拳种的风格特点，内容要多样。套路的运行结构和路线变化要充分适应演练对象的实际情况与需要，强调起势、收势与分段的有机联系和统一性。

3.武术套路的类型

（1）规定套路。具有明确的目的性及方向性。如用于国内不同年龄的武术竞赛规定套路，挖掘整理并经创编的传统竞赛套路，以及用于推广和普及的国际武术竞赛套路。

（2）传统套路。具备拳种风格特点和主要内容，从而保留、继承其传统性的套路。

（3）自选套路。依据《武术套路竞赛规则》所规定的内容、组别，充分考虑演练者身体素质和技术风格等特点，一般来说它是代表着竞技武术的发展状态。

（4）推广普遍性套路。简单、易学、易推广的套路。如武术操、武术段位制套路和一些初级套路，它的目的是为了满足武术喜好者的需求，促进武术的普遍和发展，发挥武术在全民健身中的作用。

（5）教学套路。层次清楚、重点突出，内容全面，把各类动作内容清晰、均匀地分布于组合动作及分段之中，体现由简到繁、由易到难，循序渐进的原则，也可以体现动作左右前后及动作路线变化的对称性。

(6)武术动作的特点。一个完整的套路包涵着若干个不同类型的动作,每个不同特点的动作反映出各种不同的运动形式。武术套路是在突出武术套路“四击”“八法”的基础上,讲求以形喻势,既注重动、静、起、落、立、站、转、折、轻、重、缓、快等传统的“十二形”,体现出武术套路的刚柔相济、内外合一、形神兼备的特点。

(三)武术套路创编的依据

1.保留“传统”的本质属性,推陈出新

传统是以前时代留下的一种文化,指世代相传的,旧有的。而世代相传的具有特点的风俗、道德、思想、艺术、制度等社会因素。武术的本质属性是“技击”,而“技击”所延伸和流传下来的本土文化,称之为“传统”。失去了技击含义或偏离“传统”就失去了其武术的属性,也就不叫武术了,更不可说是创新或叫“创编”。

2.依据拳种动作的构成和套路特点,不能脱离本质

技法是区分不同拳种的关键要素,正因技法的不同而产生了拳种,才使得武术套路内容丰富多彩。武术一旦失去“技击”的特性,中国武术也就没有我们所熟之的拳种流派之说。因此,任何拳种无不遵循着中国武术的核心“四击”(踢、打、摔、拿)“八法”(手、眼、身法、步、精、神、气力、功),技击动作是武术套路创编的主要功能素材,它是根据攻防的需要而产生的,也正是由于这种需要才出现了不同的“拳”和“械”。

武术套路按练习形式可分为单练、对练和集体演练三种类型。对练是单练项目的丰富和延伸,集体表演无非是单练与对练的结合。那么,从技击的角度讲,单练、对练、集体表演分别是指演练者与空想对手之间、双人之间和多人之间对攻防格斗的模仿。因此,创编不能脱离其项目的技法特点,要在不失去动作自身攻防技击含义的基础上,扩大化地讲求其完美的艺术造型。

3.依据不同任务和对象,对各个技术动作进行有机地整合

攻防意识与要求是武术套路演练过程中体现武术本质特征的核心要素。因此,无论怎样编排都应突出武术技击动作的原型,充分考虑到不同拳种的独特技法。同时还应根据任务和对象,有目的地进行创编,否则就会无的放矢。

4.依据武术独特的表现形式,将武术美寓套路动作和演练之中

技击的实用性是武术套路最基本的功能,也是武术套路美的根源。从武术套路运动形式来看,无不遵循着体育形式美的法则,而形式美是人类运用形式规律创造美的形象的经验总结。无论是传统套路、大众健身的武术套路、还是现代的竞技武术套路,都是在一种多变的形式下进行的,也遵循着阴阳对立、对立统一的观念。由阴阳对立观念,衍生出了一系列对应的概念:动静、刚柔、虚实、开合、内外、进退、起伏、攻守等。此一描述事物变化的原理,被广泛地运用于各拳种门派的武术理论和实践之中。它们所代表的诸多对应因素的不同组合,及其对立与变化,构成了中国武术极为丰富、色彩各异的各种技击原理与方法。

武术套路所显示出的层次、虚实、对立、节奏、多样和统一等都是其形式美的表现形式。在编排套路动作时,首先应考虑全套动作的合理分布,通过节奏、刚柔力度、高低起伏等对比手法表现出每个动作的特点。同时,还应遵循技击规律,讲求动作的虚实、开合、攻防、进退等变化,在注重动作的多样化和生动性的基础上,使肢体动作与器械方法和谐统一,达到动作更加协调完整。因此,武术套路的创编必须遵循这一美学规律,才能彰显外在的形式美和内在美的统一,充分体现出武术动作及套路的优美和艺术特征。

二、武术套路创编的原则

(一)动作朴实简单、实用性原则

自古以来,中国武术的传承无不是以技击为核心,其套路动作朴实无华,简单实用。上海体院邱丕相教授在《武术套路教学改革的新思路》一文中指出:“套路最主要的作用是什么?有学者认为是记载招法,实际上在真正的攻防对抗中,有用武之地的只有有限的几招”。正如明代著名军事家戚继光在训练军士时指出:“杀人的勾当,岂是好看的”,认为“今(之)所习所学,通是一个虚套”,主张“练武艺就练一击就能致敌于死命的武艺”。因此,诸多传统套路中并无过多的“花架子”,而是讲求“简单、朴实、实用”。随着时代的进步和人们观念的转变,武术的诸多功能逐步被人们和社会所认可,一些简单而实用的新编套路不仅是老一辈武术工作者智慧的结晶,也是传统武术的延续,更是被人民大众所接受。如:我们现在所能见到的“二十四式简化太极拳”“军体拳”,其每招每式

无不体现着简洁与实用。同时，套路过于复杂不利于习练者的记忆，很容易影响他们学习的兴趣。

（二）竞技性、因人而异、突出个人风格特点的原则

竞赛规则是裁判员评分的依据和尺度，也是运动员创编成套动作的重要依据。竞技武术发展至今并成为一项国际性的体育赛事，就是根据体育竞技的原则，不断创编、创新的结果。

武术的创新不仅仅局限在难度动作方面，也包含有新动作、新颖的套路创编和风格独特的内容等。如：1999—2001 年武汉体育学院的王力，在三节棍的比赛中以难度大、速度快、创编独特而一举成名，并连续获得了四次全国冠军；2002 年全国武术锦标赛上，上海体院队的集体枪就打破了编排的常规，准确地把握了枪的特征，创编新颖独特，把枪的风格和特点展现得淋漓尽致，具有强烈的感染力和审美效应，受到武术界的公认。因此，创编应根据不同项目和运动员个人的特点，有的放矢，才能达到预期的效果。创编绝不是简单的动作连接，而是动作间有机联系与协调配合，是一项创造性的工作。只有创新才有发展，不断地推出新动作、新技术、新颖的创编，突出武术的风格和特点是今后技术发展的又一主要趋势。

（三）可接受性、易学易练、科学健身的原则

武术的健身功能是任何一个体育项目所不可替代的，特别是太极拳更是风靡全球，成为当今休闲时代健身活动中的重要内容。春节晚会上的“行如流水”和北京奥运会上的万人太极拳表演，将中国武术文化和武术精神展现给世界各国人民。传承中华武术，重中之重还在于普及，使更多的人从中受益，这也是我们这个社会所提倡的。即从武术的健身功能出发，根据易学易练、可接受性及普及推广的原则进行创编。当然，为了强身健体，创编的武术套路还要符合人体的生理特点，避免违反人体活动规律的动作，剔除封建迷信的内容，崇尚科学健身。

（四）美观大方、观赏性强的原则

武术之美在众多学术论文中早有精辟的论述。同时人们通过各种形式的观赏和练习，无不感受到武术之美无处不在。如：武术竞技、武术表演及影视武术等。各种形式的武术表演之所以被大众所认可，就在于武术套路创编的美观大方、观赏性强的原则是根据武术的表演娱乐功能而制定的。武术的表演功能

古已有之，如杜甫的《观公孙大娘弟子舞剑器行》“昔有佳人公孙氏，一舞剑器动四方。”可见当时也十分讲究武术套路的表演，其创编的原则与美观大方、观赏性强紧密相关。近年来，武术套路表演的形式更是层出不穷，这些武术套路表演，无不是为了表演、娱乐，体现了美观大方、观赏性强的创编原则。

三、武术套路创编的程序及注意的问题

（一）武术套路创编的程序

1. 动作素材是创编武术套路的基础和前提

素材来自于实践。只有经过长期的体验和实践的教化才能真正懂得何为武术的素材，素材可以是武术中的单个动作或组合动作，也可以是不同拳种和特点的武术套路。在创编时根据具体需要，对素材进行必要的筛选、融合和创新，并从套路技术动作的内在规律出发，在已有的具有技击含义的动作和必要连接的动作素材基础上，通过思维过程，选择出适宜的内容和具有独特风格的典型动作，再将其动作内容进行有机地组合和加工，最终创编出适合于不同对象的演练套路。因此，要想创编出不同内容和风格的套路，就在于平时的收集和积累，动作素材积累得越多，思维和想象力就越丰富，在创编过程中就越能得心应手。

2. 确定创编套路的整体结构

根据任务和对象，确定新编套路的内容、动作数量、路线变化、时间及适宜的运动量等，设计出套路的总体方案或初步结构。套路结构的完整性是衡量创编能力的重要因素，对新编套路的演练效果起着至关重要的作用。在创编过程中应注意以下几点：

(1)对象的实际水平和能力。

(2)套路整体内容符合创编的需要和任务。

(3)起、收势及整套中的重点和演练高潮(层次分明)。

(4)动作连接的合理性和流畅性。

(5)场地的利用和布局的合理性(实际的使用场地)。

套路的整体结构包涵着诸多因素，是套路创编的核心。在创编时应做到整体构思、精心设计、反复推敲。并根据整体结构使整套动作与路线变化融为一体，真正体现出内容丰富、层次分明、富于变化的流动之美。

3. 筛选动作，分节创编和连接，修改完善

“筛选”是建立在长期积累的基础上，没有积累谈何“筛选”。从套路的构成来看，它是由几十个动作，加上起势和收势所组成。创编时应考虑重点动作和高潮组合的适宜位置，每个动作之间、组合之间、段落之间的有机衔接，以及起、收势与邻近动作的呼应和合理性。对已创编的套路进行必要的修改、演练，再完善，创编套路最忌主次不分，虎头蛇尾。要想创编出高质量的套路，就必须把握重点动作、高潮组合动作及运动量大小不等的动作，进行有机的、合理的穿插，以及节奏的处理，要既能充分适应习练者的技术水平并达到最佳的演练效果，又能体现出武术套路的风格特点。这就要求套路成型的最后阶段，广泛征求意见，反复练习，不断完善、充实和必要的调整，使其达到最佳的效果。

（二）创编应注意的主要问题

武术套路的创编能力是专业知识在实践中的具体体现，更是思维能力、想象力和创新能力的复杂过程。因此，在把握武术套路创编原则和创编程序的基础上，充分发挥自己的想象力，才能创编出具有创造力的新编套路。同时在创编中应注意以下几点：

1. 把握武术的本质特征

武术的本质特征是区别于任何一个民族传统体育项目的重要因素。只有把握其本质，才能使中华武术得以传承和发展，所创编的套路才能得到武术界的认可和大众的喜爱。如：2007 年春晚上演艺的《行云流水》，唤醒了人们对传统文化的记忆，这种创编和运动员的精湛武艺，无不体现出太极拳“圆”的特征和外在似水的柔和，内在似水一样的丰富，让人难以琢磨。而在 2008 年北京奥运会上的万人太极拳表演，更是以独具一格的艺术表现形式呈现在人们面前，让世界各国人民赞叹不已，举世瞩目。因此，武术套路创编绝不能脱离武术动作的原形和技击元素，否则创编就失去了意义和应有的价值。

2. 充分考虑创编的目的和任务

从严格意义上说，中国武术最具文化特色的现象就是套路现象。我们现在所见到的或是演练的传统套路无不是在前人的基础上总结和创编出来的，但我们在练习中又始终认为这些就是“传统”的，其实不然。正如赵本山的二人转小品系一样，在不失传统的基础上，进行了大胆的创新，而这种继承与发展正是满足现代人们心理需求的重要因素。因此说“传统”是一个发展的概念，总结和创新是满足人

们健身防身的需要，是继承和发展的过程。不论武术套路怎样变化和创新，技击方法始终是套路动作内容内在的动力和灵魂。因此，套路创编就必须满足社会的多种需要，只有满足不同的社会需要，才能创编出不同类型的武术套路。按创编类型可分为：竞技武术类、武术表演类、武术健身类、武术推广普及类。

3. 创编的内容、结构和布局要合理

武术套路是一种“打”的艺术，与其他唯美性类项目相比，“技击”这一鲜明特征是它们的本质区别，所表现的技击格斗正是武术套路动人心魄的魅力所在，但又具有艺术的表现形式，讲求“精、气、神”和外在的美感。因此，突出艺术的表现形式，就应考虑创编套路的演练效果，以具有攻防含义的动作为主要素材，按攻守进退、动静疾徐、刚柔虚实等矛盾规律进行创编，讲求整体结构和布局的合理性，充分利用场地的长宽和线路（直线、对角线、曲线、弧线、折叠线和空间要素等），追求变化，才能给人们视觉上的冲击，使套路内容充实，起、收势结构新颖，段落之间联系合理，体现出武术的技术美、节奏美和艺术美等。

通过以上的分析，不难看出武术套路创编是一种复杂的、综合性能力的具体体现，受多种因素的影响，创编能力与学生的运动经历、技术水平、理论知识、思维活动和分析、解决问题的能力紧密相关。在培养武术创编能力的教学和实践中，收集加工动作素材是前提和基础，理论知识是依据，技击含义是要素，创编实践是关键。

第二节　武术图解知识

武术图解的一般知识是武术教学实践中的重要内容，它主要包括运动方向、动作路线、附加图、往返路线、运动方位、动作名称、术语的运用、要领说明、常用叙述词等方面的内容。正确掌握这些知识和方法不仅能便于自学、自练，而且对熟练和巩固动作，提高记忆能力，以及在武术套路教学中突出武术学习和传授的重点，提高教学效果都具有重要的实践意义。

一、图解基础知识

1. 图片

图片是对动作的开始姿势、结束姿势和动作过程中分解动作的外形描绘，包括固定拍摄角度的正面图、背、侧面图(背、侧向镜头的加拍图片,即附图)。

2.运动方向

武术图解中一般所指的运动方向,是以图中人的躯干姿势为准,并且随着躯干姿势所处位置的变化而变化。图中人的身前为前,身后为后,左侧为左,右侧为右,向地心为下,离地心为上;此外还有左前、左后、右前、右后之分。如各种套路开始的预备姿势,前后左右的方向是以图中人躯干姿势为准。转体时,则以转后的身前为前,身后为后,以此类推。武术的动作很多,身体变化较大,但始终以躯干的姿势来确定方向,不受头部和视线的影响。

3.动作路线

武术插图中一般用虚线(……→)或实线(—→)表示该部位下一动作行进的路线。箭尾为起点,箭头为止点。实线与虚线,分别表示左右边,一般左虚右实,其运动路线就是遵循"左虚右实"的原则。但在有的插图中上、下肢的运动路线都用虚线和实线表示。有的右上肢和左下肢用实线表示,左上肢和右下肢用虚线表示。有的图上还用螺旋线表示上身旋转,下肢扫转,上肢或器械绕圈的路线。虽然用法不一,但作用则是一致的,都是指明下一动作将经过的路线,有的图解还加用足迹图,以表示脚在运动中的方位及触地面积。

4.附加图

有些身体背向的动作,图中无法表现,应附加一幅正面的动作图,与文字说明相吻合,运动方向和路线应以原图为准。有些重要的技术细节,如缠腕、握把等动作,在整体图示中看不清楚,应附加一幅局部动作图。

5.往返路线

武术套路由若干段或趟构成,各段的往返路线,一般是单数段向左,双数段则转回来向原来的右。弄清段的前进方向之后,即使在前进中有转身的动作变化,在转身后仍需朝着原来的方向前进,这样每段的方向就不会出错。特别是在学习比较复杂的套路时,每段前进的方向常发生变化,可将一段分成若干个小节来学习。传统和规定套路的起势和收势应在同一方向,如出现方向相反或不能还原,说明运动方向出现了错误,就应及时对照图解,逐一检查和纠正。

6.运动方位

运动方位是以图中人的预备姿势的假设来确定的。通常设面对方向为南,右手为西,左手为东,背对方向为北。还有东南、西南、东北、西北等相应的方位。运动方位不受身体姿势变化的影响，全套动作方位不变。正确地掌握运动方位，会对全套动作的往返路线和动作布局的理解有很大的帮助。

7. 术语的运用

术语是武术的专门用语，具有简明扼要的特点。它是指武术套路运动中，以简练的文字说明解释武术技术和动作的专用术语。如：手型中的拳、掌、勾；步型中的弓步、马步、仆步、虚步、歇步等；腿法中的正踢腿、侧踢腿、里合腿、外摆腿、蹬腿、弹腿、踹腿、扫腿腿等；劲力中的寸劲、缠丝劲等；以及各种平衡、跳跃动作、跌扑滚翻和各种器械基本动作的专门用语。有的从简说明，有的直接用术语。掌握术语对把握图解方法是十分重要的。

8. 动作名称

武术图解中动作名称是最常见的，其目的是简化文字说明，方便记忆与交流。动作名称多以下肢的主要动作结合上肢的主要动作来命名，如“弓步冲拳”“弹腿冲拳”“虚步崩棍”“并步扎刀”“提膝刺剑”等。有的则是以形象化词语进行命名，如“燕式平衡”“金鸡独立”“手挥琵琶”“乌龙盘打”“鲤鱼打挺”等。掌握动作名称的含义，有利于帮助我们阅读图解和理解动作。

9. 要领说明

图解附加“要”的说明，主要是指“要领”或“要点”之类的文字说明，它是提示该动作的技术要领，或者说明应注意之处，以便阅读时参考。例如：弓步的要领是前弓，后蹬等；“马步”的要领膝微内扣，脚跟外蹬等；冲拳、推掌的要领是顺肩、拧腰、急旋臂；弹腿注重脚面崩直，力达脚尖，蹬腿强调脚尖勾紧，力达脚跟等。阅读时必须认真领会，练习时才能逐步掌握其要领。

二、武术图解学习的方法及注意事项

（一）个人自学法

自学应建立在具有一定武术的基础上，且在无人帮助的情况下所进行的一种积极有效的学习方法。对于初学者采用此法时困难较大，其学习方法和步骤如下：

1. 看图

看图如同教师的直观示范，是在了解动作路线和要领的基础上，将 3～5 个动作划为一组（具体动作数可以根据动作的难易确定），弄清每一个动作的来龙去脉之后，将其动动相连进行练习，建立初步的动作概念。

2. 看字

看字就是看文字的说明。看字如同看图都是建立在形成初步动作概念的基础上，所进行的一种学习方法。而看字比看图则是进了一步，阅读理解文字说明，能更好地掌握正确的技术规格、理解动作细节，将动作动态姿势和静态姿势（定势）的基本要求弄清楚。同时，可采用边看图、边看字、边练习的方法以加深对动作的印象和理解，把握动作的细节。

3. 深化提高

当完成一个小节动作的学习后，应及时参照动作要领和要点进行深化提高。直到基本达到要求后，再进行下一个小节的学习。当前后小节分别掌握后，还应不断地连贯复习，熟练巩固，这样才能收到良好的效果。

（二）配合自学法

配合自学法是两人或两人以上相互配合共同学习和提高的一种有效方法，较为简便易行。这种学习方法有利于调动学生参与的积极性和认真钻研的学习态度，培养学生独立思维能力，加深对图文的理解，同时能增进相互间的友谊，提高团结协作的精神，消除依赖心理，达到互帮互学，提高学习效果的目的。其学习方法和步骤如下：

1. 明确任务和分工

将自学者分为甲、乙两方。甲方（一般为一人）的任务是按照文字说明慢速正确地讲读；乙方（可设一至多人）的任务是依据甲讲读的文字说明、动作顺序及动作要求进行练习，并注意记忆。

2. 学习与检查

乙方学习和练习的同时，甲方可对照书上的图解检查乙方的动作路线和方法是否正确。如果两者一致，说明学习无误；如果发现两者出现矛盾，就应及时查对，找出原因，避免形成错误的动力定型。

3. 互教互学

按以上步骤全部学完后，由乙方教会甲方。这样既简便又省时，而且不易遗漏动作。

以上两种自学方法可以根据自学者技术情况和环境条件选用，也可结合起来应用。比如，选用“两人、多人配合自学法”将套路初步掌握后，再采用“个人自学法”逐个动作进行校对，以便掌握动作细节，提高动作的准确性。

（三）结合音像自学法

音像自学法是以教学光盘和网络视频为主要学习媒介的自学方法。这种自学方法克服了个人自学法边看图文边做的间断性，能更直观地了解所学内容，有利于学生尽快地掌握较为完整的技术动作。同时，还能使学生了解到图解中难以表达的各拳种流派的运动技术的整体要求和技术风格特点。其学习方法和步骤如下：

1.选择教学光盘或视频

根据自己学习的兴趣和需要，选择所学内容的教学光盘或视频，所选的学习素材应能够代表所学内容的技术要求和拳种风格，且示范者的动作标准、规范，风格特点突出。以免引起误导。

2.观看

选好声像素材后，首先应反复观看所学内容，以形成初步的动作印象和动作概念。同时，还可以边看边做，或是通过慢放、回放，逐节进行学习，直至基本掌握技术动作。

3.巩固提高

在初步形成动作概念和基本掌握技术动作后，应反复观看录像进行对照。同时更应对照文字说明，强化动作细节，动作要领和要点的领会，注意演练风格的体现，及时纠正自己的错误动作。并将各小节动作连贯起来反复练习，以熟练掌握学习内容，达到巩固提高之目的。

上述三种自学方法可根据学生的实际情况，以及自学能力、技术水平和环境条件选择使用，也可以结合起来综合使用。不论采用哪种学习方法，都应该完整、准确、高效地掌握技术动作以达到自学的目的。

第五章　武术基本功与基本动作

武术套路的基本功和基本动作是人们学习武术入门所进行的基础性训练内容，也是打好基础和提高武术技艺的根本。通过必要的基础性练习，能使练习者身体各部位得到全面的发展，有效地提高一般身体素质和武术专项身体素质，为更好地掌握武术技法，提高技术水平奠定良好的基础。同时经常进行基本功和基本动作练习，能增强身体各关节的伸展性、灵活性和韧带的柔韧性，提高肌肉的控制能力和必要的弹性，能有效地避免运动损伤，延长运动寿命，对培养练习者的意志品质和克服困难的毅力起着十分重要的促进作用。

第一节　武术基本功

武术套路的基本功，是人们从事武术套路运动所体现出来的基本活动能力，是力量、速度、柔韧、灵敏和耐力等身体素质的综合反映。基本功是指武术套路运动中具有共性的基础性训练内容，以获得和运用武术技法必备的各种能力为练习目的基础功法练习。拳谚说“打拳不练功，到老一场空”，足以说明基本功的重要性，它既是初学者学习武术入门必备的基础功夫，又是保证武术运动体能和技能不断提高的有效手段。

武术基本功内容丰富，方法多样。按人体的身体部位可分为肩功、臂功、腰功、腿功、桩功等。

一、肩　功

肩功主要是通过肩部各种练习，以提高肩部韧带的柔韧性和肩关节的活动范围，发展肩部肌肉的力量，提高上肢运动的伸展、转环及灵活性。主要练习方法有压肩、转肩、绕环、抡臂、仆步抡拍等。

(一)压肩

面对肋木或一定高度的物体,两脚开步站立与肩同宽或稍宽,两手抓握肋木,两臂和两腿伸直,上体前俯并做向下振压肩部动作;也可以两人面对面站立,互相扶按肩部,做体前屈振动压肩动作;也可以由助手协助做搬压肩部的练习。(图 5-1-1、图 5-1-2、图 5-1-3)

图 5-1-1

图 5-1-2

图 5-1-3

要点：挺胸、塌腰，两臂、两腿要伸直，振幅逐步加大，压点集中于肩部，增加外力下压时幅度由小到大，避免受伤。

（二）握棍转肩

两脚开立，与肩同宽，两手正握木棍于或软绳于体前，两手间距根据自己肩关节柔韧性而定。握棍转肩以肩关节为轴，两臂由体前经头顶绕至背后，然后再由背后经头顶绕至体前。（图 5-1-4、图 5-1-5、图 5-1-6）

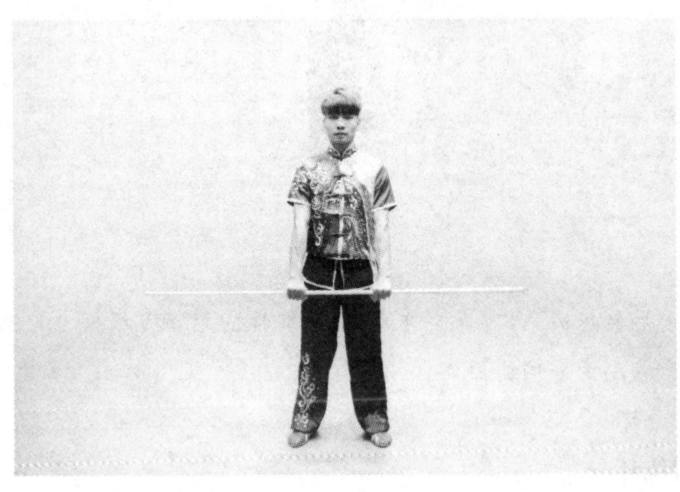

图 5-1-4

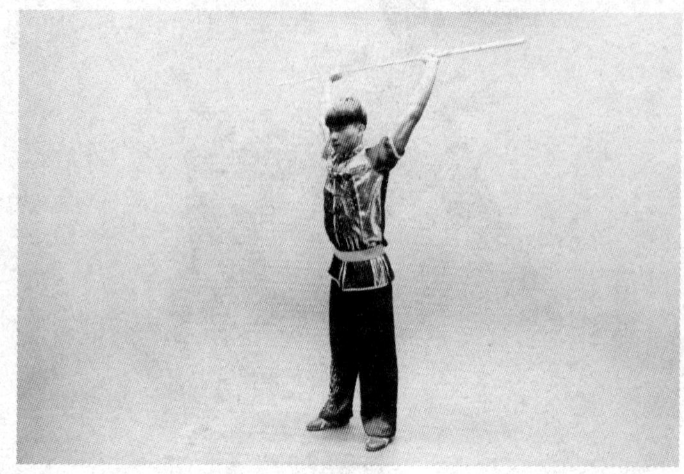

图 5-1-5

图 5-1-6

要点：前后转肩时，两臂保持伸直，两手握棍的距离可根据自身情况进行适度调节，逐步缩小两手间的距离。

(三)臂绕环

1.单臂绕环

(1)成左弓步姿势，左手按于左大腿上（也可两脚开立，左手叉腰），右臂上举，贴于右耳侧(图 5-1-7)。

图 5-1-7

(2)右臂由上向后、向下、向前绕环一周为后绕环。

(3)右臂由上向前、向下、向后绕环一周为前绕环。练习时左右臂可交替进行。(图 5-1-8、图 5-1-9)

图 5-1-8

要点：臂伸直、肩放松、贴身划立圆，臂绕环速度由慢到快。

图 5-1-9

2. 双臂前后绕环

两脚开立，与肩同宽，两臂垂于体侧。左右两臂依次由下向前、向上、向后做绕环。数次后，再做反方向绕环。（图 5-1-10、图 5-1-11、图 5-1-12）

要点：两臂伸直、松肩，两臂于体侧划立圆绕环。

图 5-1-10

图 5-1-11

图 5-1-12

3.双臂交叉绕环

两脚开立，两臂伸直上举，左臂向前、向下、向后；右臂向后、向下、向前，同时于身体两侧划立圆绕环。数次后，再做反方向绕环。（图 5-1-13、图 5-1-14、图 5-1-15）

要点：上体放松，协调配合两臂绕环，两臂于体侧成立圆绕环。

图 5-1-13

图 5-1-14

图 5-1-15

4.仆步抡拍

(1)两脚开立,上体左转成左弓步,同时右掌向左前下方伸出,左掌心向里,插于右肘关节处。(图 5-1-16)

图 5-1-16

(2)上动不停,上体右转成右弓步,同时右臂由左向上、向右抡至右上方,左掌下落至左下方。(图 5-1-17)

图 5-1-17

(3)上动不停，上体右后转，同时右臂向下、向后抡臂划弧至后下方，左臂向上、向前抡至前上方。(图 5-1-18)

图 5-1-18

(4)上动不停，上体左转成右仆步，同时右臂向上、向右、向下抡臂至右腿内侧拍地，左臂向下、向左抡臂停于左上方，目随右手(图 5-1-19)。左仆步抡拍与右仆步抡拍动作相同，方向相反。

图 5-1-19

要点：两臂伸直，向上抡臂贴近耳，向下抡臂贴近腿，松肩转腰，以腰带臂。

二、臂　功

臂功主要是针对上肢臂部专门性练习，通过各种臂部练习，来发展臂部力量，为学习和掌握拳术、器械提供必要的素质基础。练习方法主要有倒立、卧撑等。

（一）倒立

（1）两脚前后开立，两手平行撑在地上，两手间距与肩同宽。（图 5-1-20）

（2）右脚蹬地上摆靠墙，左腿伸直协同上摆，两脚并拢或分开成倒立姿势。（图 5-1-21）

图 5-1-20

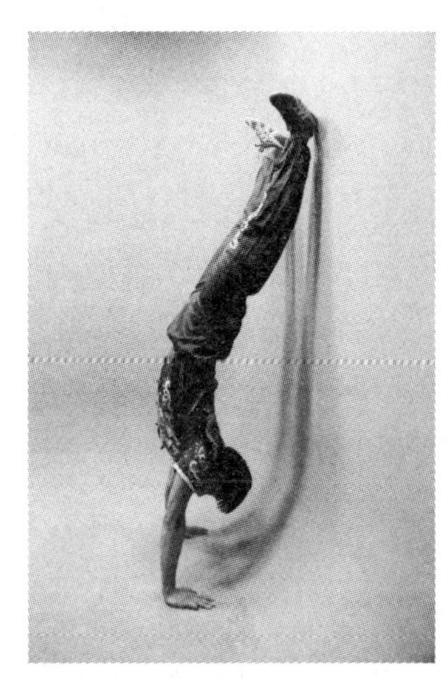

图 5-1-21

要点：两臂伸直，肩上顶，抬头，立腰，两脚并拢。

（二）双臂卧撑

（1）两手撑地，与肩同宽；两臂伸直，脚趾着地（图 5-1-22）。

（2）臂部高提，目视地面（图 5-1-23）。

（3）随后两臂屈肘，身体从后向下、向前移动（图 5-1-24）。

（4）上体呈波浪状向上抬起（图 5-1-25）。

图 5-1-22

图 5-1-23

图 5-1-24

图 5-1-25

要点：两臂伸直，不可弯曲；屈肘前移时动作幅度要大且应连贯，身体贴近地面。结束动作时，塌腰、沉臀，两臂伸直。

三、腰　功

武术套路运动中，腰是最为关键的，它是贯通上下肢体的枢纽，尤其是在完成各类动作和多变的身法变化中大多与腰有着十分密切的关系。拳谚云："练拳不活腰，终究艺不高"。在手、眼、身法、步四大要素中，腰是主宰，正所谓"腰似蛇形，眼似电"，就是要求在完成动作的过程中，腰要灵活、有力、富有变化，它是反映和体现身法技巧的关键。因此，通过腰功练习既能"活腰"以增大腰部的活动范围和灵活性，又能发展脊椎和腰部各肌肉群的力量，尽可能地减少腰部的损伤。腰功的练习方法主要有俯腰、甩腰、涮腰、下腰、翻腰等五种。

（一）俯腰

1. 前俯腰

并步站立，两手手指交叉，直臂上举，手心朝下。上体前俯，两手尽量贴地（图 5-1-26），或两手分别抱住两腿跟腱使胸部尽量贴近腿部，持续一定时间后再站立。（图 5-1-27）

要点：两腿膝关节伸直，挺胸、直背、收髋、前折体。

图 5-1-26

图 5-1-27

2. 侧俯腰

并步站立，两手手指交叉，直臂上举，手心朝上。上体左转向左侧下屈，两手手心触地。持续一定时间后，再起身做另一侧。（图 5-1-28、图 5-1-29）

要点：两腿膝关节伸直，挺胸、直背、收髋，两脚不能移动，上体尽量下屈。

图 5-1-28

图 5-1-29

(二)甩腰

开步站立,两臂上举。以腰、髋关节为轴,上体做前后屈动作和甩腰动作,两臂随着上体的前俯、后仰同时甩动。两腿伸直。(图 5-1-30、图 5-1-31)

要点:两腿保持直立,甩腰要快速、紧凑、富有弹性。向后甩腰时,仰头、挺胸,使身体形成半圆环状。

图 5-1-30

图 5-1-31

（三）涮腰

（1）开步站立，两脚略宽于肩。上体前俯，两臂下垂随之向左前方伸出。（图 5-1-32）

（2）以髋关节为轴，向前、向右、向后、向左绕环一周（图 5-1-33、图 5-1-34）。练习时可左右交替进行。

要点：两脚固定不动，向后涮腰时，仰头、挺胸，两臂随腰绕动；动作圆活，尽量增大上体环绕幅度。

图 5-1-32

图 5-1-33

图 5-1-34

（四）下腰

两脚开立，与肩同宽，两臂伸直上举。腰向后弯曲，抬头，挺胸，两手向后、向下撑地成桥形（图 5-1-35）。也可两手扶墙做下腰动作练习。

要点：肩、胸、腰、髋尽量展开；抬头、挺髋，腰向上顶，脚跟不得离地。

图 5-1-35

（五）翻腰

（1）左手立掌侧平举，右臂屈肘立掌于左肩前，两手心向左下蹲成左歇步。（图 5-1-36）

图 5-1-36

(2)上体前俯,上体从右向上,向后翻转,两臂随身体转动。(图 5-1-37)

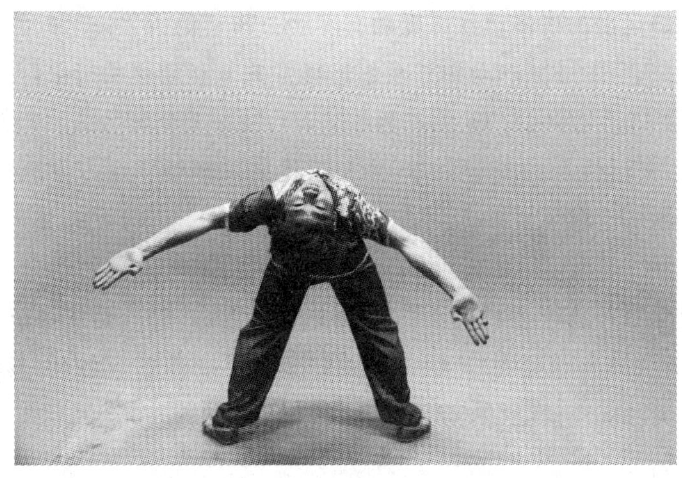

图 5-1-37

(3)上体不停,上体快速向左、向下翻转,成右歇步双摆掌。(图 5-1-38)

图 5-1-38

要点:上体从右向左快速翻转,两臂抡成立圆,腰部要主动拧转。

四、腿　功

武术套路运动的诸多动作与腿功有着十分密切的关系，拳谚云“手是两扇门，全靠腿打人”，下肢腿的动作往往超过日常关节和韧带的极限，尤其以腿部动作为多。腿功主要的目的是增加腿部肌肉与腿部关节韧带的柔韧性，发展腿部的柔韧性、灵活性和力量等素质，体现整体的灵活性。练习方法有压腿、搬腿、劈腿、控腿和踢腿等。

(一)压腿

压腿是学习和练习各种腿法必经的重要一步，其目的是发展腿部的柔韧性，提高髋关节的活动范围，使腿部的柔韧性和灵活性适应各种大幅度运动。压腿的主要方法的正压腿、侧压腿、后压腿、仆步压腿四种。

1.正压腿

(1)面对肋木或一定高度的物体，并步站立。左腿抬起，脚跟放在肋木上，脚尖勾紧，两手扶按膝盖上。(图 5-1-39)

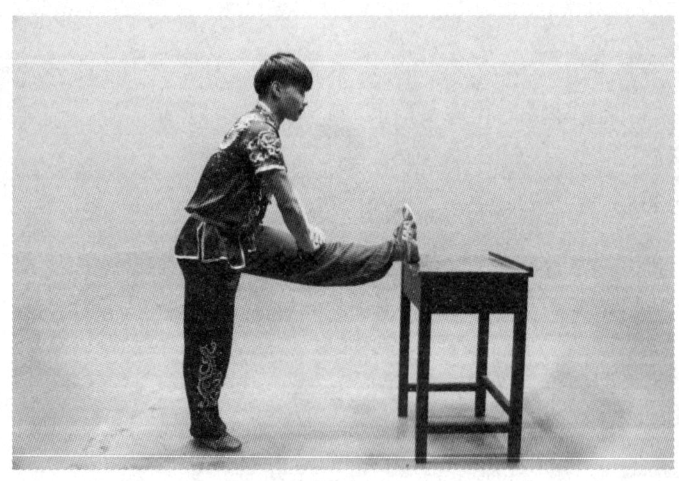

图 5-1-39

(2)两腿伸直，立腰、收髋，上体前屈，向前、向下做压振动作(图 5-1-40)。练习时可左、右腿交替进行。

要点：正压腿时，必须挺胸、直背、收胯，身体前探并做向前下振压。支撑腿伸直，下压的腿脚尖勾紧，逐渐增大振幅，以前额、鼻尖触及脚尖，然后过渡到下颌触及脚尖。压至疼痛时，尽量停止几秒，反复进行练习。

图 5-1-40

2.侧压腿

侧对肋木或一定高度的物体站立，右腿支撑，脚尖外展，左脚跟放在肋木上，脚尖勾紧，右臂上举，左掌附于右胸前，上体向左侧压振（图 5-1-41、图 5-1-42）。练习时左右交替进行。

图 5-1-41

图 5-1-42

要点：支撑腿脚尖外展，两腿伸直，立腰、开髋，直体向侧下压振。

3. 后压腿

背对肋木或一定高度的物体站立，两手叉腰或扶一定的物体。左脚背放在肋木上，脚面绷直。上体后屈并做振压动作(图 5-1-43)。练习时可左、右腿交替进行。

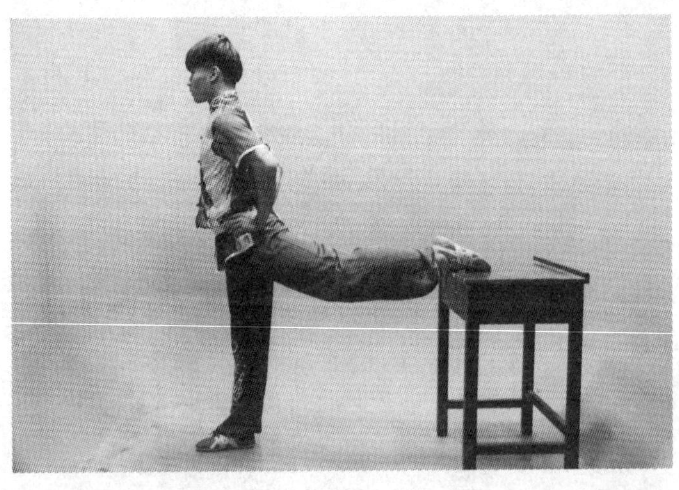

图 5-1-43

要点：挺胸、展髋、腰后屈，两腿膝关节伸直。

4.仆步压腿

两脚左右开立，右腿屈膝全蹲，左腿挺膝伸直，脚尖内扣。两脚全脚掌着地，两手分别抓握两脚外侧(图 5-1-44)。练习时可左、右交替进行。

要点：仆步压腿时应挺胸、塌腰、沉髋，臀部和胸部尽量贴近地面。

图 5-1-44

(二)搬腿

搬腿是自己或借助外力搬压腿部的一种练习方法，其目的是发展腿部柔韧性和髋关节的活动范围，提高支撑腿的平衡能力和力量。搬腿的方法有正搬腿、侧搬腿、后搬腿三种。

1.正搬腿

(1)右腿支撑，左腿屈膝提起，右手托握左脚，左手抱膝。(图 5-1-45)

(2)左腿向前上方举起，挺膝，脚尖勾紧(图 5-1-46)。也可由同伴托住脚跟上搬(图 5-1-47)。练习可时左、右交替进行。

要点：挺胸、立腰、收髋，两腿伸直。上搬高度依训练水平逐渐提高。

2.侧搬腿

右腿屈膝提起，右手经小腿内侧托住脚跟，然后将右腿向右上方搬起，左臂上举亮掌(图 5-1-48)。也可由同伴托住脚跟向侧搬腿(图 5-1-49)。练习时可左、右腿交替进行。

要点：两腿伸直，挺胸、立腰、开髋。

图 5-1-45

图 5-1-46

图 5-1-47

图 5-1-48

图 5-1-49

3. 后搬腿

手扶肋木或一定高度的物体，左腿支撑，由同伴托起右腿从身后向上举，挺膝，脚尖绷直。当同伴向后上方振腿时，上体后屈(图 5-1-50)。也可由同伴用肩扛大腿做后搬动作。练习时可左、右腿交替进行。

要点：挺胸、塌腰、展髋、腰后屈。两腿挺膝、支撑腿全脚着地。

图 5-1-50

(三)劈腿

劈腿练习的主要目的以加大髋关节的活动幅度,提高腿部的柔韧性和灵活性。劈腿的练习方法有竖叉和横叉两种。

1. 竖叉

两手左右扶地或两臂侧平举,两腿前后分开成直线。左腿后侧着地,脚尖勾起;右腿内侧或前侧着地(图 5-1-51)。练习时左右交替进行。

图 5-1-51

要点：两腿前后分开成一直线，挺胸、立腰、沉髋、挺膝。

2. 横叉

两手在体前扶地或两臂侧平举，两腿左右分开成直线，两脚和两腿内侧着地。（图 5-1-52）

要点：两腿膝关节伸直并成一直线，挺胸、立腰、展髋、挺膝。

图 5-1-52

（四）控腿

控腿能体现出练习者腿部的控制力和功力。其目的是发展腿部的力量，提高腿部肌腱的收缩力和控制力，为武术套路中高举腿定型动作打下基础。控腿的主要练习方法有前控腿、侧控腿、后控腿。

1. 前控腿

(1)右手扶肋木或一定高度的物体，侧向肋木并步站立，左手叉腰或侧平举。

(2)左腿屈膝前提，脚尖绷直或勾紧，慢慢向前上伸出，停留片刻再还原(图 5-1-53)。练习可时左右交替进行。

要点：脚尖绷直或勾紧挺胸、直背、挺膝。控腿的高度可随练习水平逐步提高。

2. 侧控腿

(1)右手扶肋木或一定高度的物体，左手叉腰，侧向并步站立。

(2)右脚伸直，左腿屈膝侧提，左腿髋外展，左腿脚尖绷直或勾紧，向外侧伸出并控制，在空中停留片刻再还原(图 5-1-54)。练习时可左右交替进行。

图 5-1-53

要点：挺胸、直背、开髋、挺膝。控腿的高度可随练习水平逐步提高。

图 5-1-54

3. 后控腿

右手扶肋木或一定高度的物体，左手叉腰，侧向并步站立。左腿屈膝前提，脚尖绷直，向后上方伸出，在空中停留片刻再还原(图 5-1-55)。练习时可左右交替进行。

要点：挺胸、展髋、挺膝、腰后屈。控腿的高度可随练习水平逐步提高。

图 5-1-55

(五)踢腿

踢腿既是腿功练习的重要内容,也是基本功训练的主要内容之一。腿部柔韧性的压腿和搬腿,是为了踢好腿。经常性的各种踢腿练习,可提高下肢柔韧性和腿部的力量及速度。踢腿主要有正踢腿、侧踢腿、里合腿、外摆腿、后踢腿。

1. 正踢腿

(1)右手扶肋木或一定高度的物体,左手叉腰,并步侧向站立。(图 5-1-56)

图 5-1-56

(2)右腿支撑，左脚勾起，挺膝快速向前额处踢起，然后下落还原(图 5-1-57)。练习时可左右交替进行。

图 5-1-57

要点：头正、颈直、挺胸、立腰、收腹。支撑腿伸直，脚跟不得离地，踢腿过腰后加速。

2.侧踢腿

(1)双手扶肋木或一定高度的物体，丁字步站立。(图 5-1-58)

图 5-1-58

(2)右腿支撑挺膝直立，左腿挺膝勾脚尖向左耳侧快速踢起(图 5-1-59)。练习时可左右交替进行。

要点：同正踢腿。

图 5-1-59

3. 里合腿

(1)右手扶肋木或一定高度的物体，左手叉腰。(图 5-1-60)

图 5-1-60

(2)并步侧向站立,右腿支撑,左脚脚尖勾紧里扣并向左上方踢起。(5-1-61)

图 5-1-61

(3)左脚经面部向右侧上方直腿摆动,随后落于右脚外侧。(图 5-1-62)

图 5-1-62

要点:头正、颈直、挺胸、立腰、松髋。

4.外摆腿

(1)右手扶肋木或一定高度的物体,左手叉腰。(图 5-1-63)

图 5-1-63

(2)并步侧向站立,右腿挺膝直立,左脚脚尖勾紧,向右侧上方踢起。(图 5-1-64)

图 5-1-64

(3)左脚经面部向左侧上方直腿摆动,直腿落在右腿旁。(图 5-1-65)

要点:头正、颈直、挺胸、立腰、松髋、展髋。

图 5-1-65

5. 后踢腿

面对肋木，双手抓握肋木或扶一定高度的物体，并步站立。右腿支撑，左腿伸直，脚尖绷直，挺膝向后上踢起，也可大腿后踢过腰后，松膝，用力尽量向后上方快速摆踢(图 5-1-66、5-1-67)。练习时左右交替进行。

要点：挺胸、抬头、腰后屈。

图 5-1-66

图 5-1-67

五、桩　功

桩功是武术基本功练习中的独特锻炼方式，也是武术内外功法练习的主要形式。桩功是一种相对静止或缓慢柔和的运动，桩功可分为静桩和动桩两种。静止的桩功运动外静而内动，动式的桩功运动外动而内静。无论是静桩和动桩，都是以相对静站或柔和缓慢的运动方式，以调节和锻炼人体的气息，增强肌肉的用力和神经的敏感性。桩功练习的主要目的是通过"桩"的形式，进行以意领气，以气运身的锻炼方法，以提高腿部力量，周身内劲饱满，气血畅活，达到壮内强外的作用。桩功的练习方法很多，这里主要介绍马步桩、虚步桩、浑元桩等。

（一）马步桩

两脚平行开立，约为脚长的三倍，脚尖朝前，屈膝半蹲，膝关节不超过脚尖，大腿接近水平或水平，全脚着地，身体重心落于两腿之间。两臂微屈平举于胸前，掌心向下，目视前方（图 5-1-68）。也可两手抱拳于腰间。

要点：挺胸、直背、塌腰，呼吸自然。静站时间可根据习练时间而逐渐增加。

（二）虚步桩

两脚前后开立，右脚外展 45°，屈膝半蹲，左脚脚跟提起，脚面绷直，脚尖稍内扣，虚点地面，膝关节微屈，重心落于右腿上，右腿接近水平或水平。两手抱

图 5-1-68

拳于腰间，目视前方(图 5-1-69)。练习时左右交替进行。

要点：挺胸、塌腰，虚实分明。静站时间可根据练习时间而逐渐增加。

图 5-1-69

(三)浑元桩

1. 升降桩

两脚平行开立与肩同宽，脚尖朝前，两膝微屈，两肘稍屈，两手掌心向下，举于胸前，然后配合呼吸，做升、降动作。(图 5-1-70、图 5-1-71)

图 5-1-70

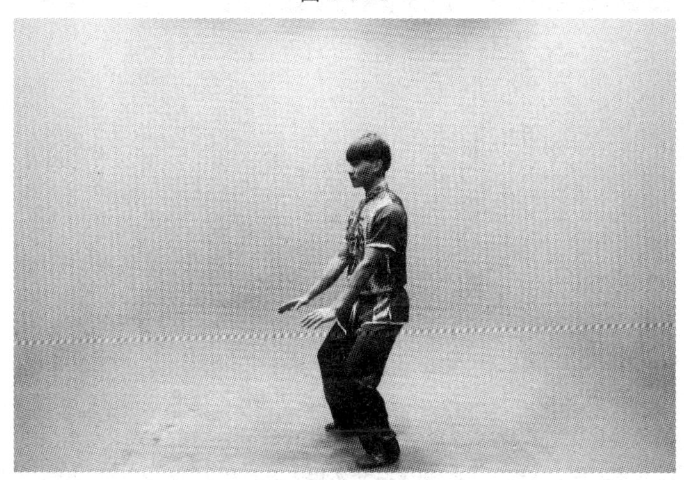

图 5-1-71

要点：①头颈正直，沉肩垂肘，松腰敛臀，上体正直。②呼吸深、长、匀、细。升时配合吸气，小腹外凸；降时配合呼气，小腹内凹。初练时静站 2～3 分钟，然后逐渐增加。

2. 开合桩

两脚平行开立与肩同宽，脚尖朝前，两腿屈膝略蹲。两臂屈肘，两手掌心向内，指尖相对，合抱于体前。随自然呼吸，两手做开合运动。（图 5-1-72、图 5-1-73）

要点：①头颈正直，沉肩垂肘，松腰敛臀，上体正直。②呼吸深、长、匀、细。开时配合吸气，小腹外凸；合时配合呼气，小腹内凹。初练时静站 2～3 分钟，然后逐渐增加。

图 5-1-72

图 5-1-73

第二节　武术基本动作

武术基本动作是武术套路动作中最简单、最基础、最具有代表性的动作，是学习武术套路技术和提高技术水平的基础，也是进入中、高级阶段学习的关键。基本动作内容一般是由手型手法、步型步法等因素构成的完整动作，以及腿法类、平衡类、跳跃类和跌扑滚翻类等动作，这些动作可以单式重复练习，也可以编成组合，同时可以结合套路中的分段组合动作进行训练。

长拳是武术套路运动中的主要拳种，练好基本功和基本动作不仅是提高长拳技术水平的重要内容，还能为学习和掌握不同拳种及器械提供良好的技术条件。这里，主要介绍长拳项目的基本动作。

一、手型手法

（一）手型

1.拳

四指并拢卷握，拇指压于食指、中指第二指节上（五指卷紧）。拳分为拳面、拳背、拳眼、拳心、拳轮。拳心朝下为平拳；拳眼朝上为立拳。（图 5-2-1）

要点：拳握紧，拳面平，直腕。

2.掌

四指伸直并拢，拇指弯曲紧扣于虎口处。掌分为掌指、掌背、掌心、掌根、掌外缘。手腕伸直为直掌；向拇指侧伸，掌指朝上为立掌。（图 5-2-2）

要点：四指并拢并伸直，掌心展开、竖指。

3.勾

五指第一指节捏拢在一起，屈腕。勾分为勾尖、勾顶。（图 5-2-3）

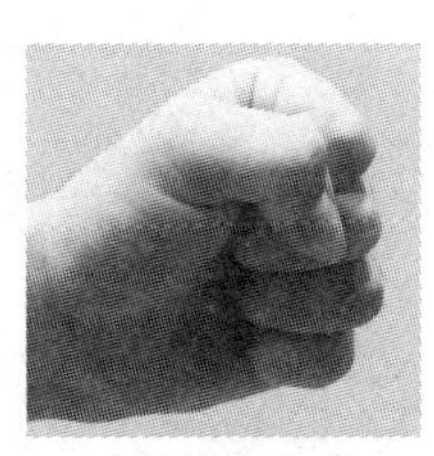

图 5-2-1

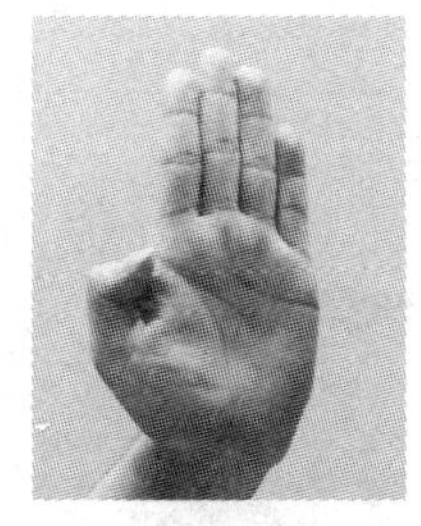

图 5-2-2

图 5-2-3

要点：五指捏紧，尽量屈腕。

（二）手法

手法主要是运用拳、掌、勾三种手型，结合手型的变化即动作表现出的技法，如冲拳、架拳、推掌、劈掌、亮掌等动作。手法主要包括拳法、掌法、肘法三种。

1. 冲拳

(1)两脚左右开立，与肩同宽，两手抱拳于腰间，拳心向上，肘尖向后，目视前方。(图 5-2-4)

图 5-2-4

(2)右拳从腰间向前快速冲出，拧腰、顺肩；在肘关节过腰后，右前臂快速内旋，力达拳面，臂伸直高与肩平；同时左肘向后牵拉，目视前方(图 5-2-5)。练习时可左右交替进行。

图 5-2-5

要点：挺胸，收腹，拧腰，顺肩，出拳快速有力，力达拳面。

2. 劈拳

(1)两脚并步站立，两手握拳分别抱于腰侧，拳心向上，目视前方。(图 5-2-6)

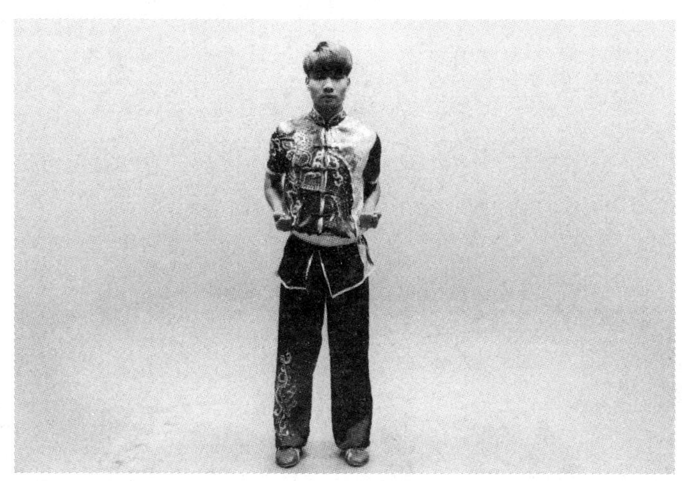

图 5-2-6

(2)右拳经左自上向下快速劈落，臂伸直，力达拳轮，目视右拳。(图 5-2-7)

图 5-2-7

要点：松肩，直臂，臂抡成立圆，力达拳轮。

3.架拳

(1)两脚左右开立,与肩同宽,两手抱拳于腰间,拳心向上,肘尖向后,目视前方。(图 5-2-8)

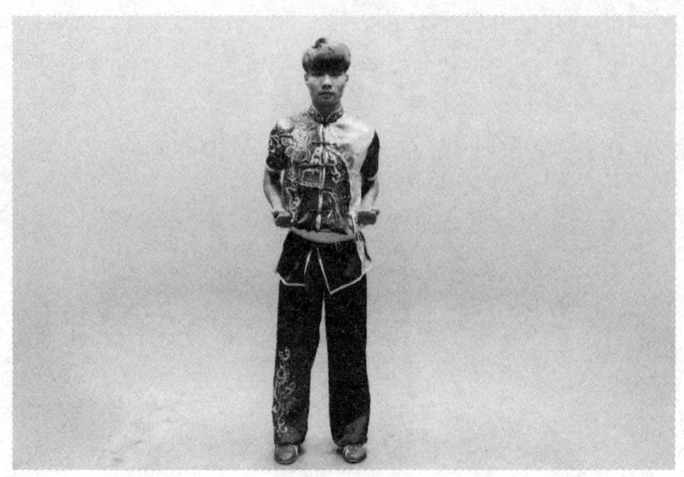

图 5-2-8

(2)右拳自腰间向左经腹前、面前向头上方旋臂架起,臂微屈,拳心朝前上方,目视左方。(图 5-2-9)

图 5-2-9

要点：架拳时前臂内旋，松肩，力达前臂外侧。

4. 推掌

(1)两脚左右开立，与肩同宽，两手抱拳于腰间，拳心向上，肘尖向后，目视前方。

(2)右拳变掌，前臂内旋，并以掌跟为力点向前快速立掌推出；臂伸直，力达掌外沿，高与肩平，同时左肘向后牵拉，目视前方(图 5-2-10)。练习时可左右交替进行。

图 5-2-10

要点：挺胸、收腹、拧腰、顺肩，沉腕，力达掌外沿。

5. 亮掌

(1)两脚左右开立，与肩同宽，两手抱拳于腰间，拳心向上，肘尖向后，目视前方。(图 5-2-11)

(2)右拳变掌，由腰间向右、向上划弧至头右上方，肘微屈，抖腕亮掌，臂呈弧形掌心向上，眼随手走，目视左方。(图 5-2-12)

要点：挺胸、收腹、立腰、抖腕，摆头快速利落。

6. 挑掌

(1)两脚左右开立，与肩同宽，两手抱拳于腰间，拳心向上，肘尖向后，目视前方。(图 5-2-13)

(2)右拳变掌，自腰间经右向上弧形摆起，当摆至接近水平位时，抖腕立掌快速上挑，掌尖朝上，掌外沿朝右，目视右侧。(图 5-2-14)

图 5-2-11

图 5-2-12

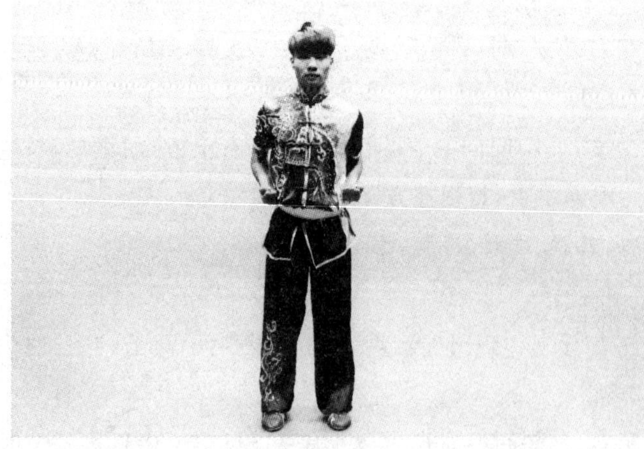

图 5-2-13

图 5-2-14

要点:沉腕要快速有力,力达掌指。

(三)肘法

1. 格肘

(1)两脚左右开立,与肩同宽,两手抱拳于腰间,拳心向上,肘尖向后,目视前方。(图 5-2-15)

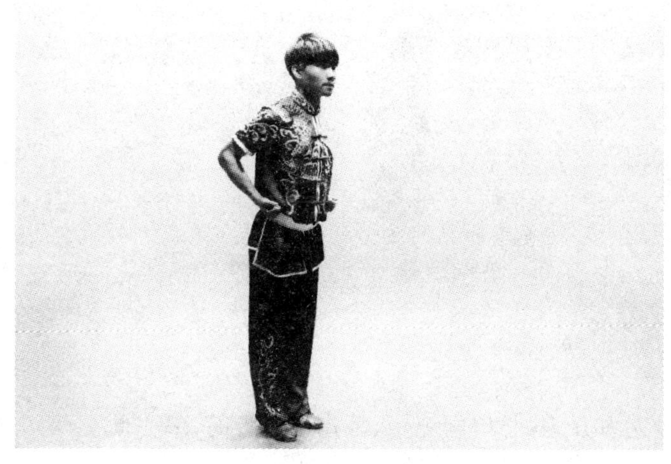

图 5-2-15

(2)右臂上屈,拳心向里,拳面向上,使前臂由外(内)向体内(外)横拔。(图 5-2-16、图 5-2-17)

要点：内外横拨，用力快速短促，力达前臂。

图 5-2-16

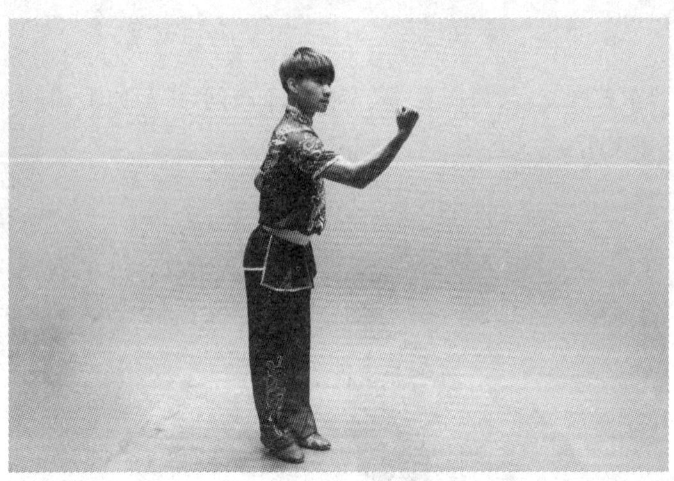

图 5-2-17

2.顶肘

(1)两脚左右开立，与肩同宽，两手抱拳于腰间，拳心向上，肘尖向后，目视前方。(图 5-2-18)

(2)右臂屈肘平举与胸前，拳心向下，拳眼向内，左拳变掌，掌心贴附于右拳面指尖向上(图 5-2-19)。随即肘尖前顶，力达肘尖。(图 5-2-20)

要点：前顶时，前臂成水平，力达肘尖。

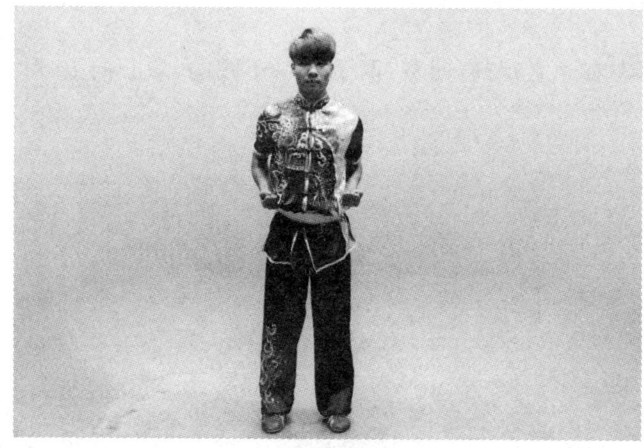

图 5-2-18

图 5-2-19

图 5-2-20

3. 盘肘

(1)两脚左右开立，与肩同宽，两手抱拳于腰间，拳心向上，肘尖向后。（图 5-2-21）

图 5-2-21

(2)右臂向右侧抬举平举，拳心向下。（图 5-2-22）

图 5-2-22

(3)随即右臂快速屈肘向内，手臂与肩成水平。（图 5-2-23）

要点：盘肘时，快速有力，顺肩、拧腰。

图 5-2-23

二、步型步法

(一)步型

步型主要是下肢"型"静态动作，通过步型练习可使练习者了解主要步型的要领，提高步型的规范性和稳定性，增强腿部力量。步型主要有弓步、马步、虚步、仆步、歇步，以及横裆步、半马步、丁步等。

1. 弓步

左脚向前一大步(距离约为本人脚长的 4～5 倍)，脚微内扣，全脚着地，屈膝半蹲，大腿呈水平，膝与脚尖垂直；另一腿挺膝伸直，脚尖里扣斜向前(约 45°)，全脚着地。上体正对前方，两手抱拳于腰间，目视前方。(图 5-2-24)

要点：挺胸、塌腰、沉髋，前腿成水平，后腿挺膝伸直，脚跟不可离地。

2. 马步

两脚左右开立(约为本人脚长的 3 倍)，脚尖正对前方，屈膝半蹲，大腿呈水平，膝部不超过脚尖，两手握拳分别抱于腰间，目视前方(图 5-2-25)。练习时可左右交换。

要点：挺胸、塌腰、直背，膝微内扣，脚跟外蹬。

图 5-2-24

图 5-2-25

3.虚步

两脚前后开立，后脚尖斜向前（均 45°），屈膝半蹲，大腿接近水平，全脚着地；前腿微屈，脚面绷紧，脚尖虚点地面，重心落于后腿上；两手叉腰，眼视前方（图 5-2-26）。练习时可左右交换。

要点：挺胸、立腰、虚实分明。

图 5-2-26

4.仆步

两脚平行开立(约为本人脚长的 4 倍),一腿屈膝全蹲,大腿和小腿靠紧,臀部紧贴小腿,膝与脚尖稍外展;另一腿伸直平铺接近地面,脚尖内扣。两脚全脚掌着地。(图 5-2-27)

要点:挺胸、塌腰、沉髋。

图 5-2-27

5. 歇步

两腿交叉屈膝全蹲，前脚全脚掌着地，脚尖外展；后脚脚跟离地，臀部外侧紧贴后腿脚跟处。（图 5-2-28）

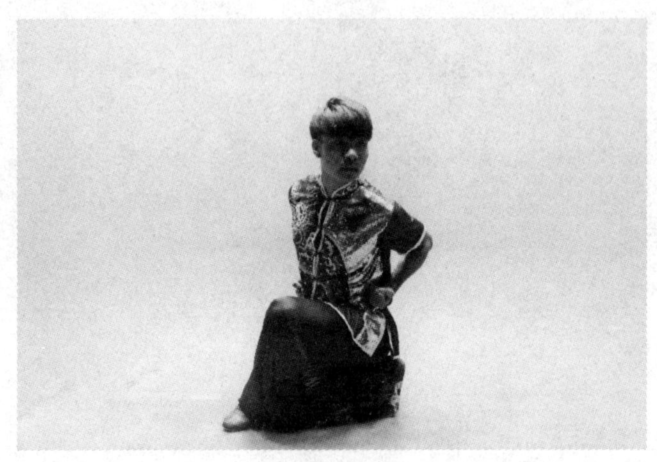

图 5-2-28

要点：挺胸、立腰、两腿靠拢贴紧。

6. 丁步

两腿屈膝半蹲，一脚全脚着地支撑，另一脚脚跟抬起，脚面绷直，虚点地面，另一脚贴于支撑腿脚弓处；身体重心落于支撑腿上，目视前方。（图 5-2-29）

图 5-2-29

要点：挺胸，立腰，虚实分明。

(二)步法

步法是下肢动作移动、变化的方法，或是步型转换的衔接动作。步法练习的主要目的是提高两腿的移动速度和灵活性、协调性，增强下肢力量。步法主要有击步、弧行步、垫步、上步、退步、盖步、插步、换步等。这里主要功能介绍插步、击步、行步三种。

1. 插步

(1)开步站立，两手叉腰。(图 5-2-30)

图 5-2-30

(2)右脚提起，经左脚后向左侧横迈一步，脚前掌着地，两腿交叉，重心偏于左腿(图 5-2-31)。练习时可左右交替进行。

要点：沉髋、敛臀，插步步幅大小适中。

2. 击步

(1)两手叉腰，两脚前后开立，与同肩宽。(图 5-2-32)

(2)上体前倾，前脚蹬离地面，后脚提起在空中向前碰击前脚跟。(图 5-2-33)

(3)落地时，后脚先落，前脚后落，目视前方。(图 5-2-34)

要点：跳起腾空时，上体保持正直并侧对前方。

图 5-2-31

图 5-2-32

图 5-2-33

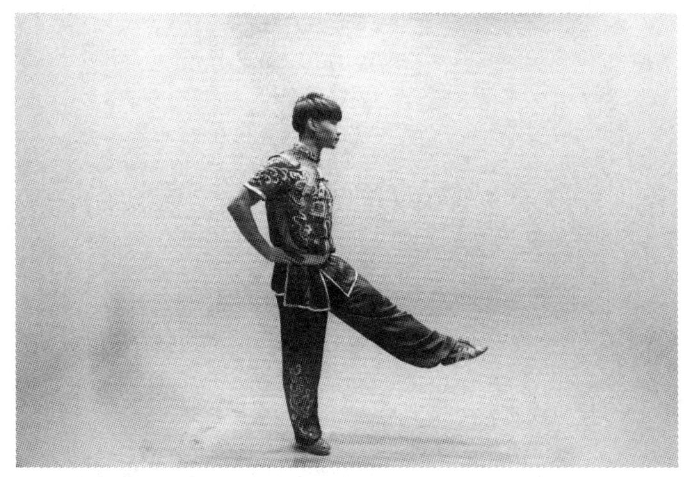

图 5-2-34

3. 弧形步

两腿膝关节弯曲，两脚快速连续向侧前方行步，两手抱于腰间。步幅的大小略比肩宽，走“S”形路线，目视前方。（图 5-2-35、图 5-2-36）

图 3-2-35

图 3-2-36

三、腿　法

腿法练习是集下肢柔韧性、腿部力量和速度的综合性训练，所谓“压踢结合”是武术基本功训练必不可少的重要训练内容。腿法主要包括直摆性（正踢、侧踢、里合、外摆）、屈伸性（弹腿、蹬腿、踹腿）、击响性（前拍、里合、外摆）和扫转性（前扫腿、后扫腿）四类腿法。

1. 正踢腿

（1）两脚并步站立，两手臂成侧平举，立掌，目视前方。（图 5-2-37）

图 5-2-37

(2)左脚向前上半步,左腿支撑,右腿挺膝,脚尖勾起向前额处快速踢起。目视前方(图 5-2-38)。练习时可左右交替进行。

要点:挺胸、收腹、立腰。腿上摆过腰后加速用力,收髋,上体正直。

图 5-2-38

2.斜踢腿

(1)两脚并步站立,两手臂成侧平举,立掌,目视前方。(图 5-2-39)

图 5-2-39

(2)左脚向前上半步,左腿支撑,右腿挺膝,勾脚向异侧耳部踢起。目视前方(图 5-2-40)。练习时左右交替进行。

要点:同正踢腿。

图 5-2-40

3.侧踢腿

(1)两脚开立,两手臂成侧平举。右脚向前上半步,脚尖外展;左脚跟稍提起,身体略右转,左臂前伸,右臂后举。(图 5-2-41)

图 5-2-41

(2)随即左腿挺膝,勾脚向左耳侧踢起,同时右臂上举亮掌,左臂屈肘立掌于右肩前。目视前方。(图 5-2-42)

要点:挺胸、立腰、侧身、开髋,踢腿时快速有力。

图 5-2-42

4.外摆腿

(1)两脚开立,两手臂成侧平举,两手立掌。右脚右前方上半步,左脚尖勾紧,向右侧上方踢起。(图 5-2-43)

图 5-2-43

(2)左脚踢起时,经面前向左侧上方直腿摆动,直腿落于右脚旁,目视前方(图 5-2-44)。练习时左右交替进行,也可左右掌在面前依次迎击左脚面。

要点:挺胸、立腰、展髋。腿成扇形向外快速摆动,幅度要大。

图 5-2-44

5.里合腿

(1)两脚开立,两手臂成侧平举,两手立掌。右脚右前方上半步,左脚尖勾紧,向左侧上方踢起。(图 5-2-45)

图 5-2-45

(2)左脚踢起时,经面前向右侧上方直腿摆动,直腿落于右脚旁,目视前方(图 5-2-46)。练习时左右交替进行。

要点:挺胸、立腰、合髋。支撑腿脚尖正对前方,腿成扇形里合,幅度要大。

图 5-2-46

6.前拍脚

(1)两腿并步站立,两手握拳抱于腰间,日视前方。(图 5-2-47)

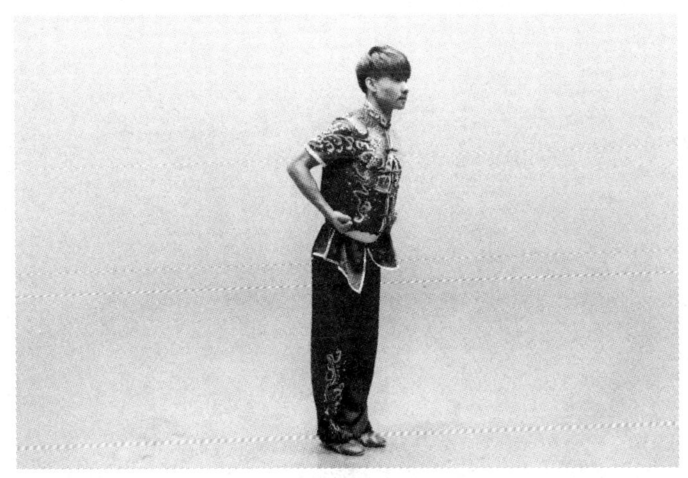

图 5-2-47

(2)左脚上步,左腿支撑;右腿挺膝,脚面绷直向前上方快速踢摆。同时右拳变掌举于头右前上方,掌心朝前,迎击右脚面。目视前方(图 5-2-48)。练习时左右交替进行。

要点:收腹、立腰。前拍脚高度过胸,击拍点在肩上击响,击拍脚要脆、快、响。

图 5-2-48

7.弹腿

(1)两腿并步站立,两手握拳抱于腰间。右脚屈膝提起,高与腰平,右脚绷直,目视前方。(图 5-2-49)

图 5-2-49

(2)左腿支撑,右腿屈膝提起接近水平时,小腿猛力向前弹出,挺膝,力达脚尖,目视前方(图 5-2-50)。练习时可左右交替进行。

要点:挺胸、立腰、收髋、脚面崩直;弹踢由屈到伸快速要有,力达脚尖。

图 5-2-50

8.蹬腿

(1)两手握拳抱于腰间,左腿支撑,右脚屈膝提起,高与腰平,右脚脚尖勾紧,目视前方。(图 5-2-51)

图 5-2-51

(2)右腿屈膝提起接近水平时，以脚跟为力点向前猛力蹬出，力达脚跟，挺膝，脚高过腰，目视前方(图 5-2-52)。练习时左右交替进行。

要点：挺胸、立腰、脚尖勾紧；蹬出要脆、快、有力，力达脚跟。

图 5-2-52

9.侧踹腿

(1)两脚开步站立，两手叉腰。右脚经左脚前盖步。(图 5-2-53)

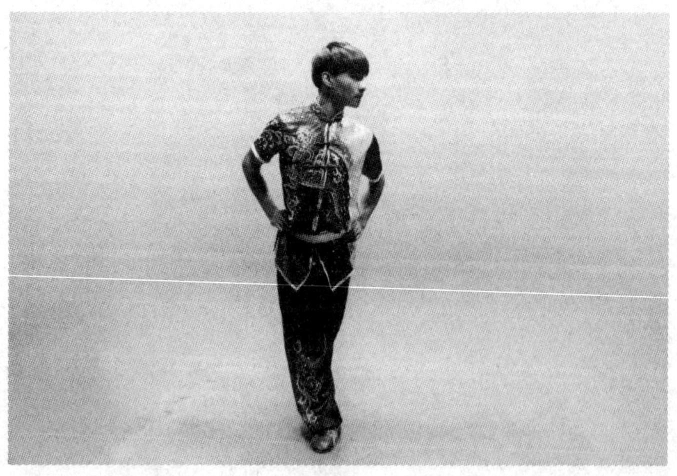

图 5-2-53

(2)随即右腿伸直支撑,左腿屈膝提起,脚尖勾起内扣,用脚底向左上方快速踹出,脚高过腰,上体右倾,目视左侧方。(图 5-2-54)

要点:挺膝、展髋、脚外侧朝上;踹腿先屈后伸,踹出快速有力。

图 5-2-54

10. 后扫腿

(1)左弓步双推掌,两掌向前推出,指尖向上,目视前方。(图 5-2-55)

图 5-2-55

(2)随后上体右转并前俯,左脚尖内扣,左腿屈膝全蹲,成右仆步,两手快速向右腿内侧撑地,随上体向右后拧转的惯性力量,以左脚掌为轴,脚尖内扣,右脚伸直紧贴地面,快速向后扫转一周。(图 5-2-56)

要点:转体、俯身、撑地,扫转要连贯协调,一气呵成。

图 5-2-56

四、平　衡

平衡动作是武术套路中常见的动作之一,平衡可分为持久性平衡动作和非持久性平衡动作两种。持久性平衡要求动作完成后,保持在三秒以上的静止状态;非持久性平衡对平衡静止时间未做要求,只要求出现明显的静止状态。平衡动作要求腿、腰、髋具有良好的柔韧性和腰腹力量,以及支撑腿的控制力。通过平衡动作的练习,能有效地提高腿、腰的柔韧性和肌肉的控制力量,同时有助于协调能力的发展。平衡动作动作的种类很多,下面重点介绍常见的提膝平衡、燕式平衡、望月平衡三种。

1. 提膝平衡

右腿伸直支撑,左腿屈膝提起,左大腿高提近胸部,脚面绷直,垂扣于右腿前侧。右臂上举于头上亮掌,左手反臂后举成勾手,目视左前方。(图 5-2-57)

要点:支撑腿伸直、挺胸、立腰、收腹。平衡要站稳,提膝过腰,脚内扣。

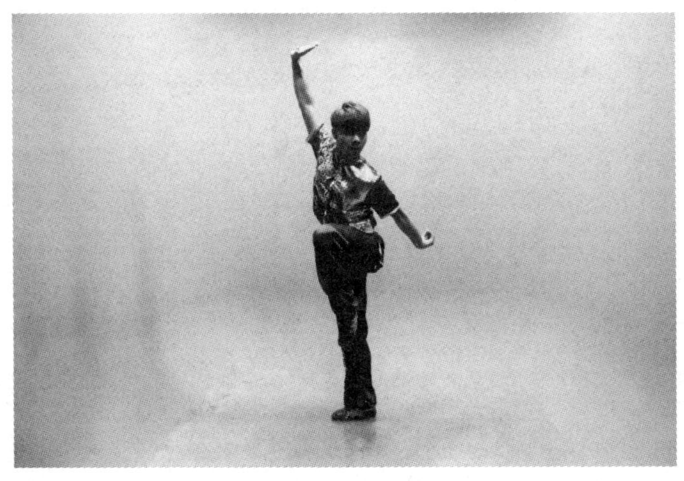

图 5-2-57

2.燕式平衡

左腿伸直支撑站稳,右腿屈膝提起,两掌在胸前交叉,掌心向里。随后两掌向两侧直臂分开平推,掌心向外,指尖向上,上体前俯,脚面绷平向后上蹬伸,目视前方。(图 5-2-58、图 5-2-59)

图 5-2-58

要点:两腿伸直,上体前俯,挺胸、抬头、腰后屈。

图 5-2-59

3.望月平衡

右腿伸直支撑站稳，两手左右分开上摆亮掌。同时上体侧倾拧腰向支撑腿同侧方上翻，挺胸塌腰。左腿在身后向支撑腿的同侧方上举，小腿屈收，脚面绷平。目视右后方。（图 5-2-60）

要点：展髋、拧腰、抬头。

图 5-2-60

4. 扣腿平衡

两脚开步站立，右腿屈膝全蹲，右大腿成水平，左腿屈膝，脚背紧扣于右膝后面；左手架掌，右拳向右侧立拳冲出，目视右拳。（图 5-2-61）

图 5-2-61

五、跳跃练习

跳跃动作是武术套路运动中常见动作，此练习对增强腿部及腰腹力量，提高弹跳力、协调性和速度具有重要的作用。常见的跳跃动作有腾空飞脚、旋风脚、腾空摆莲、侧空翻、旋子等。

1. 腾空飞脚

（1）并步站立，右脚快速上步，准备起跳。（图 5-2-62）

（2）左脚前上摆踢，右脚蹬地跃起，两臂向头上摆起，右手背迎击左手掌。（图 5-2-63）

（3）在空中，右脚向前上方快速踢摆，脚面绷直，右手迎击右脚面，击响点略高于肩。同时左腿屈膝收控于右腿侧，脚面绷直。左掌摆至左侧方变勾手，勾尖向下，上体微前倾，目视前方。（图 5-2-64）

要点：①踢摆腿脚高必须过腰，左腿在击响一瞬间，屈膝收控于右腿侧。②在腾空最高点完成击响动作，击响点略高于肩。空中拍击动作必须快速连续、准确、响亮。③在空中上体正直、微向前倾，不要坐臀。

图 5-2-62

图 5-2-63

图 5-2-64

2.旋风脚

(1)高虚步亮掌，左手抱拳于腰间，右手伸直在头顶上亮掌，目视左前方。(图 5-2-65)

(2)左脚向左上步，同时左掌前推。(图 5-2-66)

(3)右脚随即上步，脚尖内扣，准备蹬地起跳。左臂随上步向下摆动并屈肘收至右胸前，同时右臂向前向上抡摆，上体向左旋转前俯(图 5-2-67)。重心右移，右腿屈膝蹬地快速跳起。(图 5-2-68)

图 5-2-65

图 5-2-66

图 5-2-67

图 5-2-68

(4)右腿提起向左上方摆动。上体向左上方翻转,同时两臂向下、向左上方抡摆。身体旋转一周,右腿里合,左手在面前迎击右脚掌,左腿自然下垂。(图5-2-69)

图 5-2-69

要点：①里合腿贴近身体，摆动时由外向里成扇形。②抡臂、踏跳、转体、里合腿等环节快速协调，身体旋转不小于360°。

3.腾空摆莲

(1)高虚步挑掌站立(图5-2-70)，目视左前方。

图 5-2-70

(2)左脚向前上步，右脚随之向前上一大步，脚尖外展，屈膝略蹲。身体右转，同时右臂顺势下落，左臂前摆。(图5-2-71、图5-2-72)

图 5-2-71

图 5-2-72

(3)重心前移右腿,右脚蹬地跳起,同时左腿向右上方里合踢摆,两手上摆于头上击响。上体向右转体,身体腾空。(图 5-2-73)

图 5-2-73

(4)右腿上踢外摆,两手先左后右依次拍击右脚面,左腿伸直分开摆动控于体侧。上体微前倾,目视两手。(图 5-2-74、图 5-2-75)

图 5-2-74

图 5-2-75

要点:①上步要成弧形,右脚踏跳时,注意脚尖外展和屈膝微蹲。②起跳时,左腿注意里合扣腿。③右腿外摆成扇形,两手依次击拍右脚面,击响点略高于肩,空中上体微前倾。起跳、拧腰、转体,左腿里合与右腿外摆等要连接快速、协调。

4. 侧空翻

(1)两脚并步站立,两手垂放于体侧,目视前方。(图 5-2-76)

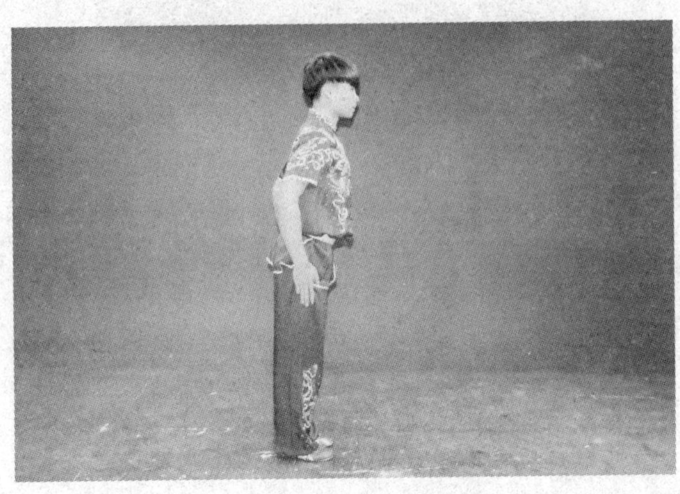

图 5-2-76

(2)左脚上步蹬地跳起,伸展髋、膝、踝关节,右腿从后向上摆起。(图 5-2-77)

图 5-2-77

(3)身体向左侧屈,利用右摆腿的速度和惯性使身体在空中向左侧翻动作。(图 5-2-78、图 5-2-79)

图 5-2-78

图 5-2-79

(4)两腿依次落地,右脚先落地,左脚随之落地。(图 5-2-80、图 5-2-81)

要求:蹬地有力,摆腿快速,空中两腿伸直,落地轻松。

图 5-2-80

图 5-2-81

5.旋子

(1)两脚前后站立(右脚在前,左脚在后),身体右转,左臂前平举(掌心向下),右手后上举。(图 5-2-82)

图 5-2-82

(2)随后两膝关节弯曲,重心向在左腿移动,左脚踏跳,身体向前向左后平俯甩腰摆动,同时两臂随身体向前做摆动。(图 5-2-83)

图 5-2-83

(3)左脚蹬地起跳,身体悬空,两腿随身体向左平旋,眼视左手(图 5-2-84);随后右脚先落地,左脚随之落地。

要求:蹬地、甩腰、摆头;摆臂、摆腿要快速协调,身体在空中成水平旋转,两腿要向于肩。

图 5-2-84

六、跌扑滚翻练习

跌扑滚翻是指身体在地面上完成一系列的跌扑、滚动、翻动等动作。通过跌扑滚翻练习可提高跌、滚、翻动作的技巧,减少和预防跌伤时害事故的发生,培养人体前庭器官的平衡稳定性,提高速度、协调、力量等素质。

1.栽碑

并步站立,身体挺直向前倾倒,在将要倒地的瞬间迅速屈肘,以两手掌在身前撑地。(图 5-2-85、图 5-2-86)

要点:拔背、控腹、头前顶。身体挺直,臀部不要凸起。

2.抢背

(1)右脚在前,左脚在后,两脚前后站立;左脚后上摆,右脚蹬地跳起。(图 5-2-87)

(2)随后以肩、背、腰、臀依次着地团身向前滚翻,两腿屈膝。(图 5-2-88)

要点:低头、含胸,肩、背、腰、臀要依次着地;滚翻动作要圆、快;立起要迅速。

图 5-2-85

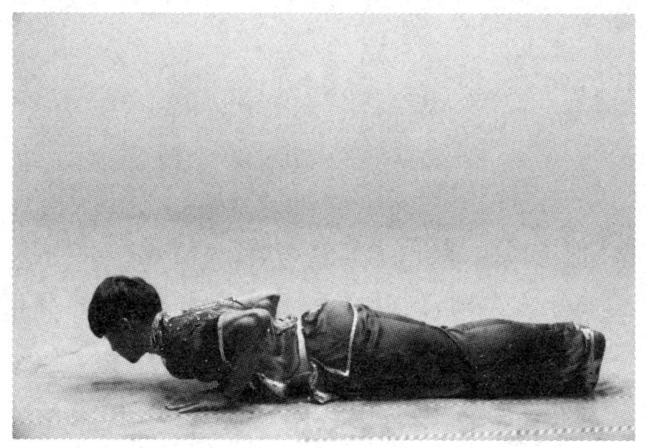

图 5-2-86

图 5-2-87

图 5-2-88

3.鲤鱼打挺

(1)仰卧,屈体使两腿上摆,两手扶按两膝。(图 5-2-89)

(2)两腿猛力向上方摆动,同时两手推腿,两腿下打,挺腹,仰头,脚落地站立而起。(图 5-2-90)

要点:身体必须成半圆环形,两脚分开不得超过肩宽,打腿振摆要迅速。

图 5-2-89

图 5-2-90

第三节 武术组合动作

武术组合动作是按照一定运动规律的若干动作进行前后串联和编排而成的动作组合。武术组合动作主要是把拳术或器械中的几个动作，根据学生的技术水平和练习任务进行编排，结合手、眼、身法、步的要求所进行的基本技术练习。通过有针对性的组合动作练习，不仅能巩固动作的熟练程度，掌握动作转换及衔接的要领，逐步提高基本动作的完成质量，而且有助于对动作的理解和协调能力的提高，为学习武术套路奠定一定基础。

一、步型组合(五步拳)

五步拳组合动作名称：弓步搂手冲拳—弹腿冲拳—马步架冲拳—歇步冲拳—提膝穿掌—仆步穿掌—虚步挑掌—并步抱拳。

预备势：两脚并步站立，两拳抱于腰两侧，目视左前方。(图 5-3-1)

要点：挺胸、收腹、立腰；两拳紧贴腰两侧。

1. 弓步搂手冲拳

(1)身体稍向左转，左脚向左前方上步，膝关节微屈，右腿随之屈膝半蹲成半马步。同时左拳变掌，俯掌向左前方搂出，掌心朝前，目视左手。(图 5-3-2)

图 5-3-1

图 5-3-2

(2)重心前移,左腿屈膝半蹲,右腿随之伸直,脚跟外蹬成左弓步。同时左手握拳收抱于左腰侧;右拳于腰间向前冲出,拳心向下成平拳,臂与肩平,目视右拳。(图 5-3-3)

要点:上左步与搂左手要协调一致;蹬腿成弓步脚跟不能离地,冲拳动作要完整。

图 5-3-3

2. 弹腿冲拳

(1)重心前移,左腿挺膝立起;右腿屈膝提起,当膝抬至接近水平时,迅速挺膝绷脚面,向前甩摆小腿,力达脚尖,腿成水平。

(2)同时右拳收抱至腰右侧;左拳自腰侧向前冲出,拳心向下成平拳,高与肩平,力达拳面,目视左拳。(图 5-3-4)

图 5-3-4

要点:右拳收抱、弹腿力达脚尖、左拳冲出与弹出的右腿动作要完整一致。

3. 马步架冲拳

(1)右脚向前落步,脚尖内扣,上体左转 90°,两腿屈膝半蹲成马步,两腿成水平。

(2)同时左拳变掌,屈肘上架于头上方;右拳自腰间向右平拳冲出,臂与肩平,目视右拳。(图 5-3-5)

要点:架掌、冲拳与做成马步要完整一致。

图 5-3-5

4. 歇步冲拳

(1)左转身约 90°,左脚向右脚后插步,脚前掌着地。同时左掌收至左腰侧抱拳,拳心向上;右拳变掌向上经头上方向前下方盖掌至胸前,掌外沿向前,掌指尖向左,目视右掌。(图 5-3-6)

(2)两腿屈膝全蹲成右歇步。同时右掌变拳收至腰间;左拳自腰间向前平拳冲出,目视左拳。(图 5-3-7)

要点:盖掌与插步要协调一致;冲拳与歇步要协调一致。

5. 提膝穿掌

(1)身体左转,右腿挺膝站立,左腿屈膝提起。同时左拳变掌屈肘回收下按。

(2)右拳变掌自腰间经左手背向前上方穿出,掌心向上,左掌顺势回收至右腋下,目视右掌。(图 5-3-8)

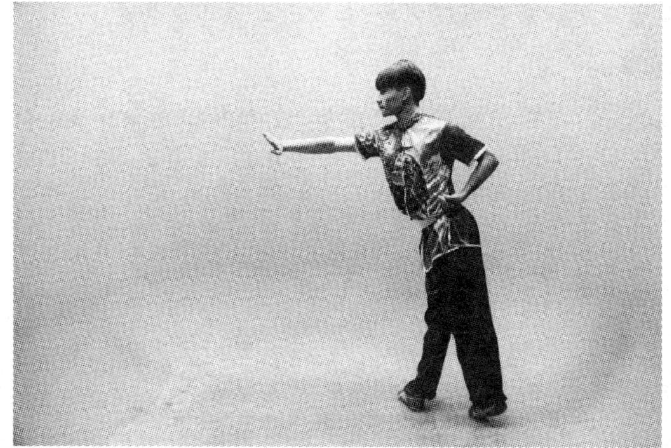

图 5-3-6

图 5-3-7

图 5-3-8

要点:提膝与上穿掌要协调一致;穿掌力点达于掌指尖。

6.仆步穿掌

右腿屈膝全蹲,左腿随之向左侧落步,左脚内扣成左仆步。同时左手经腹前,沿左腿内侧穿至左脚面,指尖朝前,目视左掌。(图 5-3-9)

要点:穿掌以掌指尖为力点,两臂要成一条线。

图 5-3-9

7.虚步挑掌

(1)重心前移,左腿屈膝蹲起,脚尖外展,右脚随之蹬地向前上步,脚尖内侧着地成右虚步。

(2)同时左手向前,经上绕至左后方成勾手;右手向下,经体右侧绕至右前成立掌,两臂成一直线,左手稍高,右手略低。目视右手。(图 5-3-10)

要点:两臂要绕成立圆;勾左手、挑右掌与上右步要协调一致,挑掌要有寸劲。

图 5-3-10

8. 并步抱拳

重心前移，左脚向右脚靠拢成并步。同时右掌和左勾手变拳回收分别抱于腰间，拳心向上。目视前方。（图 53-11）

图 5-3-11

要点：挺胸、收腹、立腰；并脚与收拳动作要同时完成。

二、腿法组合动作

动作名称：震脚砸拳—跳盖步冲拳—单拍脚—侧踹腿推掌—震脚砸拳—弓步冲拳—弓步贯拳—前点步亮掌。

1.震脚砸拳

右脚向左脚内侧地面下落震踏，两腿同时屈膝下蹲；左臂摆至腹前，掌心向上，右臂外旋、屈肘向下，用右拳背砸击左拳心，目视右拳。（图 5-3-12）

图 5-3-12

2.跳盖步冲拳

（1）两脚蹬地向上跳起，右腿微向右摆；右前臂内旋，拳心向下、向右平行划弧至体右侧，左臂屈肘，左掌内旋经腹前向左后方平行划弧至体左侧，目视前方。（图 5-3-13）

（2）左脚落地支撑，右脚经体前向左侧盖步落地，脚尖微外展，右腿屈膝半蹲，左腿伸直；左掌向前、向右平摆至右肩前，掌心向右，指尖向上，右拳向右后划弧经右腰侧向右前冲出，拳眼向上，高与肩平，目视右拳。（图 5-3-14）

3.单拍脚

（1）身体左转；左脚向前上步；同时右拳变掌，左掌向下、经腹前向上摆起，虎口向上，指尖向前；头向左转，目视左掌。（图 5-3-15）

（2）右脚向前上步；左手臂向前上摆，右臂下摆；目视前方。（图 5-3-16）

图 5-3-13

图 5-3-14

图 5-3-15

图 5-3-16

(3)左脚向前上步;左臂向上摆至头部前上方,掌心向前、指尖向上,右臂向前上摆起,在头前上方,左掌心拍击右掌背;目视前方。(图 5-3-17)

图 5-3-17

(4)左腿支撑,右腿伸直,脚面绷平向上方摆起;当右脚摆至面前时右掌心拍击右脚面,左臂上摆,掌心斜向前,目视右脚。(图 5-3-18)

图 5-3-18

4. 侧踹腿推掌

(1)身体左转，右脚经左脚前向左落地，脚尖外展，屈膝半蹲；两臂分别向下、在腹前交叉上摆至胸前成十字掌，右掌在外，左掌在内，掌心向外，指尖向上；头向左转，目视前方。(图 5-3-19)

图 5 3 19

(2)重心移至右腿并伸直独立支撑;上体向右侧倾,左腿由左侧屈膝向上抬起,勾脚尖向左侧上方蹬出,脚高于腰;两臂屈肘,两掌收经左、右腰侧,再向左、右两侧伸臂推出,掌心向外,高于肩平,目视左脚。(图 5-3-20)

图 5-3-20

5.震脚砸拳

(1)右腿微屈,左脚向左侧落步,前脚掌着地;右臂屈肘,右掌收至腹前,左臂向下经腹前向右上摆起;头向右转,目随视左掌。(图 5-3-21)

图 5-3-21

(2)身体左转;左脚跟内转落地,重心移至左腿,左腿伸直并独立支撑,右腿屈膝提起;小腿内收;右臂经腹前向右、向上立圆摆至头部右上方握拳,臂微屈,左臂随体转经上向左、向下立圆摆至体侧;头向左转,目视前方。(图 5-3-22)

图 5-3-22

(3)右脚向左脚内侧地面下落震踏,两腿同时屈膝下蹲;左臂摆至腹前,掌心向上,右臂屈肘向下用右掌背砸击左拳心,目视右拳。(图 5-3-23)

图 5-3-23

6.弓步冲拳

(1)左脚向前上步屈膝半蹲,右腿伸直成左弓步;左掌变拳抱至左腰侧,拳心向上,右前臂内旋向前冲出,拳心向下,拳面向前,高与肩平;目视前方。(图 5-3-24)

图 5-3-24

(2)下肢动作不变,右臂外旋,右拳收抱至右腰侧,拳心向上,左臂内旋向前冲出,拳心向下,高于肩平,目视前方。(图 5-3-25)

图 5-3-25

7. 弓步贯拳

下肢动作不变；上体微右转向左侧倾；左拳变掌，右臂向后伸直，右拳经前、向左弧形摆至头部左前上方与左掌心相击，拳眼向下，目视右拳。（图 5-3-26）

图 5-3-26

8. 前点步亮掌

重心右移，右腿直立支撑，左脚抬起向右脚前落步，脚尖着地；右拳变掌，两臂外旋屈肘收至腹前，掌心向上，然后分别向身体两侧分开，左手上摆至体左侧，掌上翘沉腕，指尖向上，高于肩平，右掌上摆至体右上方抖腕亮掌，指尖向左，头向左转，目视前方。（图 5-3-27）

图 5-3-27

三、平衡组合动作

动作名称：马步压肘—震脚砸拳—并步推掌—上步正踢腿—燕式平衡。

1. 马步压肘

右脚尖微向内口，左脚微内收，左腿屈膝半蹲成马步；右臂外旋屈肘，右拳下压至腹前；目视右拳。（图 5-3-28）

图 5-3-28

2. 震脚砸拳

（1）重心右移，身体右转，左腿伸直；右臂内旋，右拳变掌向下伸出，左臂向下伸直，左拳变掌经腹前右前臂上向右上摆起；头向右转，目视左掌。（图 5-3-29）

（2）身体左转 180°；左脚跟内转落地，重心移至左腿并独立支撑，右腿屈膝抬起，小腿内收，脚面绷平；右臂经下、向右、向上立圆摆至头部右上方握拳，臂微屈，拳心向左；左臂随转体向上、向左下立圆摆至左胯旁；头向左转，目视前方。（图 5-3-30）

（3）右脚向左脚内侧地面下落震踏，两腿有同时屈膝下蹲；左臂摆至腹前，掌心向上，右臂外旋屈肘向下用右拳背砸击左掌心；目视右拳。（图 5-3-31）

图 5-3-29

图 5-3-30

图 5-3-31

3. 并步推掌

两腿伸直；右拳变掌，两前臂内旋，两掌同时向身体左右两侧平行推出，高与肩平，掌心向外，指尖向上；目视前方。（图 5-3-32）

图 5-3-32

4. 上步正踢腿

(1)左脚向前上步，重心前移，上肢动作不变。（图 5-3-33）

图 5-3-33

(2)左腿直立支撑,右脚勾脚尖直腿向头部摆踢;目视前方。(图 5-3-34)

图 5-3-34

5.燕式平衡

(1)右腿下落(不着地),上肢动作不变。(图 5-3-35)

图 5-3-35

(2)右脚向前落步,左脚收至右脚内侧,脚尖点地,两腿屈膝半蹲;两掌向内收至胸前交叉,右掌在外,左掌在内,两掌心均向外,指尖向上;目视前方。(图

5-3-36）

图 5-3-36

(3)上体前俯;右腿伸直独立支撑,左腿屈膝向后抬起,再向后上方伸直,脚面绷平,脚高于头;两掌同时向左右两侧分开,高于肩平,掌心向外,指尖斜向上;头微向上抬,目视前方。(图 5-3-37)

图 5-3-37

四、组合动作教学要点

1.注重功架、夯实基础

所谓功架主要是指“型”,型多半以静止时的动作姿态为主。武术套路运动中的功架是手型、步型、身型等姿态的综合表现,总体要求是招势清楚、端正工整、规范准确、势正招圆。手型、步型、身型在动作变化中其型虽有所不同,但对型都有特殊的要求,即使是动态的手法、步法、腿法也都有明确规格要求。如长拳中手型(拳、掌、勾),步型(弓步、马步、仆步、歇步、虚步)均有不同的特殊要求,身型要求头正颈直、挺胸立腰、躯干中正等。因此,在长拳教学中夯实基础是关键,功架练习既是基本功练习,更是基础中的基础,注重基础功和基本动作的训练,不仅有助于更好地学习和掌握技术,促进技术水平的提高,同时也能为深入学习和掌握不同拳械奠定坚实的基础。

2.合理运用教学方法

武术套路的学习和技能的提高是一个循序渐进的过程,在这一过程中除对练习者严格要求外,教师的教学方法尤其重要。由于武术套路动作复杂多变,个别动作更是繁杂难练,给武术套路教学带来一定的困难。因此,合理运用教学方法有利于教学任务的顺利进行和教学质量的提高。一般情况下,简单的动作完整教学,难而复杂的动作可分解成若干个小节进行分解教学,待基本掌握后再完整进行练习。

3.精讲多练、严格要求、强化动作规格

基础功和基本动作的训练是枯燥乏味的,练习中如内动力不高或意志力不强,都会直接影响到学习和练习的效果。在教学过程中教师应做到讲解清楚,示范准确,要求严格,当学生基本掌握了动作之后,关键是练习和强化。俗语说:“拳打千遍,身法自然”,练习的数量是质量的基础,没有数量和时间的积累,过多的讲解只是枉然。教师必要的讲示有助于学生对动作的认知,但严格要求,保质保量的练习才能使学生更好地掌握动作,强化动作规格才能真正落到实处。

第六章　武术教学套路与教学要点

武术套路运动内容丰富多彩，形式多样，有不同拳种的单练套路、对练套路和功法等内容，既是程式化的身体运动，又讲求形神兼备、内外合一。武术套路练习既是武术基础训练的形式，又是武术练习的最高表现形式。因此，武术套路演练水平的高低与武术基本功和基本动作有着十分密切的关系。学武、练武要抓好所学套路动作规范和主要风格特点，并在演练风格上下功夫。

拳语说："年拳月棍半辈枪""拳不在多而在精"。根据普通高校教学需求，以及学生的身心特点和习武兴趣，本章仅选用了长拳（武术段位制长拳二段）、初级长拳（第三路）、简化太极拳（二十四式），三个较为普及且常见的教学套路，并对教材内容和教学要点进行了分析，以提高教师分析教材和组织教学的能力，促进教学质量的提高。

第一节　长拳二段（段位制长拳二段）

武术段位制长拳套路分为一至六段，每套有其不同的技法和特点。而长拳二段广为高等院校和中小学武术教学所使用，属长拳基础性套路。全套往返分为两小节，共 16 个动作。其特点是套路短小，内容精悍，既简单易学又有少量难点动作。全套包括单练、对练和拆招技法。

一、单练套路

(一)动作名称

预备式:并步直立					
第一小节					
1	起势	2	跃步劈拳	3	马步架冲拳
4	提膝亮掌	5	弓步双架掌	6	右蹬腿
7	左鞭腿	8	勾手侧踹	9	虚部护身掌
第二小节					
10	弓步架拳	11	马步格挡	12	搂手勾踢
13	弓步反劈拳	14	丁步勾手亮掌	15	马步双推掌
16	翻身跳	17	虚步护身掌	18	收势

(二)动作图解

预备式:两脚并拢直立,两手自然垂于体侧,目视前方。(图 6-1-1)

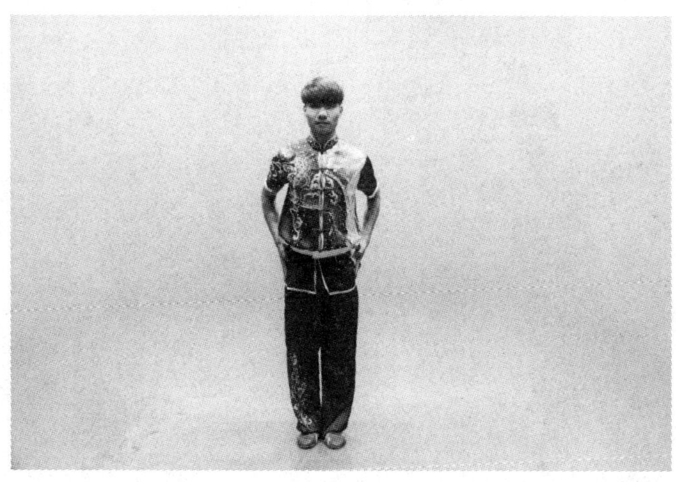

图 6-1-1

1. 起势

(1)并步抱拳：两拳迅速上提抱于腰间，拳心朝上；同时快速向左侧摆头，目视左前方。(图 6-1-2①)

(2)正踢腿：头向前转正，两拳变掌经体前交叉向上、向外摆至体侧，掌心朝外，高与肩平；目视前方(图 6-1-2②)。左脚上步，重心前移，右腿勾脚挺膝，直腿向额前方上踢。(图 6-1-2③、④)

(3)弓步看拳：右脚向右前落步，两拳体前交叉，两臂稍屈，目视两拳方向(图 6-1-2⑤)。左脚蹬直，右腿屈膝成右弓步；左拳向侧冲出，拳心朝下，右拳外旋抱于右腰际，拳心朝上；目视左冲拳方向。(图 6-1-2⑥)

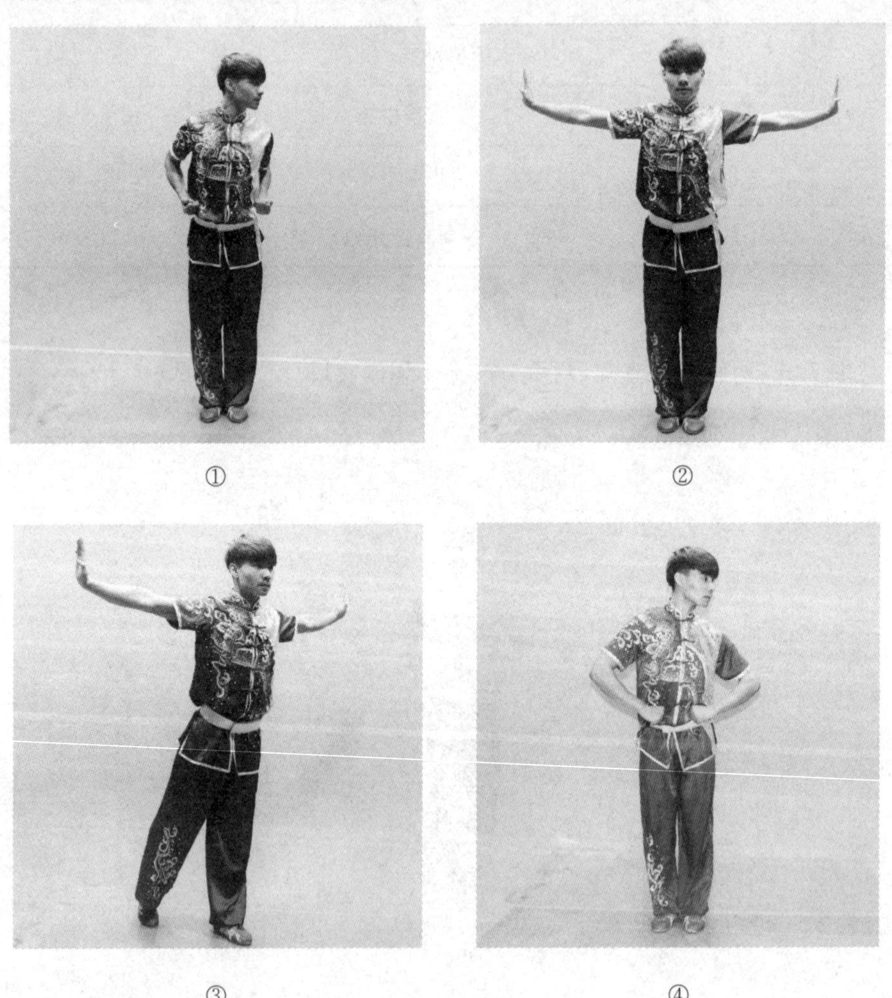

①　②

③　④

图 6-1-2

⑤

⑥

图 6-1-2

动作要点：

(1)正踢腿：头正颈直，立腰，右腿挺膝勾脚，上踢快速。

(2)弓步看拳：右弓步大腿水平，左脚蹬直，冲拳高于肩平。

2.跃步劈拳

(1)重心移至左腿，身体微左转，右腿提起；两拳保持不变，目视前方。(图6-1-3①)

(2)左脚蹬地，右脚向前迈出，身体腾空；两拳变掌抡摆，目视前方。(图 6-1-3②)

(3)右脚前落，左脚随之落于右脚前，右腿蹬直成左弓步；左拳收抱腰间，拳心朝上，右掌向前抡劈，力达掌外沿，目视前方。(图 6-1-3③)

①

②

③

图 6-1-3

动作要点：跃步要迅速，右劈掌要快速有力。

3. 马步架冲拳

身体右转 90°，左脚内扣，两腿屈膝成马步；右掌上架，左拳向左侧冲出，拳心朝下，力达拳面，目视冲拳方向。（图 6-1-4）

动作要点：马步两腿屈膝，大腿成水平，两膝微内扣。

图 6-1-4

4.提膝亮掌

(1)身体立起,左拳变掌,两臂体前交叉,掌心朝上;目随两手。(图 6-1-5①)

(2)重心移至右腿,左膝高提;亮掌内旋向身体两侧划弧分开,左掌变勾手摆至身后,右掌弧形上摆至头上方亮掌,掌心朝上;目视左前方。(图 6-1-5②)

动作要点:高提膝,独立稳。目先随视右手,抖腕亮掌时,快速甩头,目视左前方。

①

②

图 6-1-5

5.弓步双架掌

左脚下落，右脚后退一步成左弓步；左勾手变掌，两掌体前十字交叉，向额前上方架起，右掌在外，掌心朝外；目视前方。（图 6-1-6）

动作要点：右弓步大腿水平，左脚蹬直；架掌于前额上方，两手有力。

图 6-1-6

6.右蹬腿

重心前移，右脚提起向前瞪出，力达脚跟；两掌变拳收抱腰间，拳心朝上；目视前方。（图 6-1-7）

图 6-1-7

动作要点：蹬腿时挺膝脚尖勾紧，力达脚跟，蹬腿有力。

7. 左鞭腿

(1)重心前移，右脚前落；两拳保持不变；目视前方。(图 6-1-8①)

(2)重心移至右脚，身体右转，右脚尖外展；左脚提起，脚面绷平，大腿带动小腿弧形向前鞭打，力达脚背及小腿前侧；右臂屈肘上摆，左臂伸直；目视左脚鞭打方向。(图 6-1-8②)

动作要点：右脚尖外展，挺膝屈胯，鞭打有力。

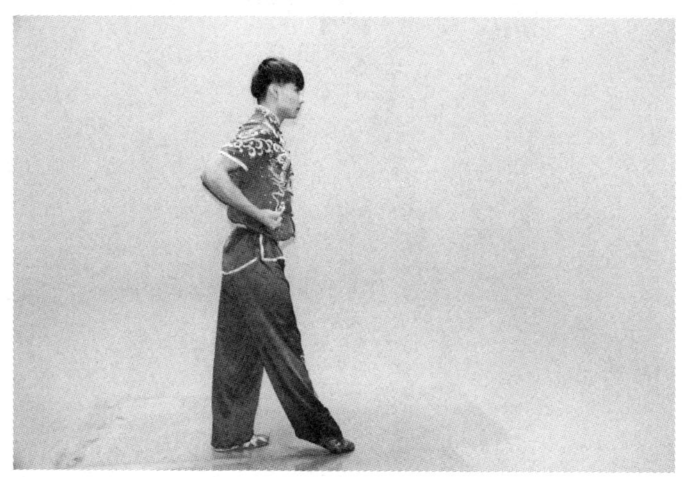

①

②

图 6-1-8

8. 勾手侧踹

(1)左脚落于身体左侧，脚尖外展；身体微左转，两臂屈肘于胸前；目视前方。(图 6-1-9①)

(2)重心移至左脚，身体左转，向左倾斜，右膝提起，向前横脚踹出；右手变勾手摆至体后，左手摆至头上亮掌，身体自然侧倾；目视踹腿方向。(图 6-1-9②)

动作要点：左脚尖外展，展胯，踹击有力。

①

②

图 6-1-9

9. 虚步护身掌

(1)右脚落地，脚尖内扣，身体左转，左脚向右脚并步；两掌划弧提前下摔后收至腰间；目视右前方。(图 6-1-10①)

(2)右腿屈膝下蹲,左脚提起前伸,脚尖点地成左虚步;两掌向前推出,左掌掌心朝前,右掌附于左肘内侧;目视前方。(图 6-1-10②)

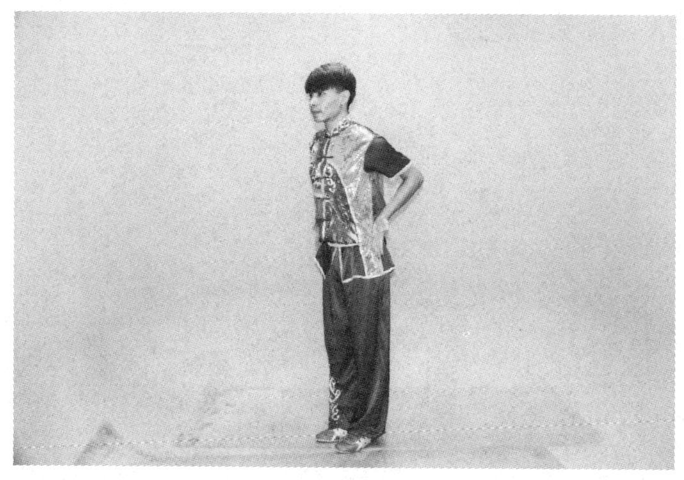

①

②

图 6-1-10

动作要点:虚步屈膝下蹲,大腿成水平状态,前脚脚尖点地。

10. 弓步架拳

左脚上步成左弓步；左掌变拳，左臂内旋向额前上方屈臂架起，右掌变拳收抱腰间；目视前方。（图 6-1-11）

动作要点：架拳向额前上方架起，手臂上架有力。

图 6-1-11

11. 马步格挡

身体右转，左脚内扣，两腿屈膝成马步；左臂屈肘外旋向前、向内横格，力达左前臂内侧；目视格挡方向。（图 6-1-12）

动作要点：格挡要屈肘，快速有力，力达前臂内侧。

图 6-1-12

12. 搂手勾踢

(1)身体重心移至左脚,上体左转;两拳变掌在体前交叉,右手在上,目视两手。(图 6-1-13①)

(2)重心前移,两脚尖勾紧向前、向上勾踢;两掌内旋向下拍压后,顺势变勾手摆至体后,勾尖朝上;目视右前方。(图 6-1-13②)

动作要点:勾踢要紧脚尖,擦地而行,力达脚背及脚踝处。

①

②

图 6-1-13

13. 弓步反劈拳

(1)提右膝,左勾手变掌,抡臂向前按掌,掌心斜朝下,约与胸高;右勾手变拳收于腰间;目视前方。(图 6-1-14①)

(2)右脚前落成右弓步,右拳与体前划弧向前上方反拳劈打,左掌至于右肘下;目视反劈拳方向。(图 6-1-14②)

动作要点:按掌与反劈拳衔接要快速有力。

①

②

图 6-1-14

14. 丁步勾手亮拳

重心后移，右脚回收至左脚内侧成右丁步；右掌变勾手摆至身后，钩尖朝上，左掌摆至头上方，抖腕亮掌；目视右前方。（图 6-1-15）

动作要点：丁步两腿半蹲，一脚全脚掌着地，另一脚脚尖点地靠拢支撑腿足弓处。

图 6-1-15

15. 马步双推掌

(1)身体右转,右脚抬起转身震脚,左脚顺势收至右脚内侧,脚尖点地;两手随转体上摆,击响后外旋下按收于腰间,掌心超前;目视前方。(图 6-1-16①)

(2)左脚侧迈一步,两腿屈膝成马步;亮掌同时向前推出,掌心超前,力达掌根;目视推掌方向。(图 6-1-16②)

动作要点:跳步轻灵,马步稳定,双推掌与马步同时完成。

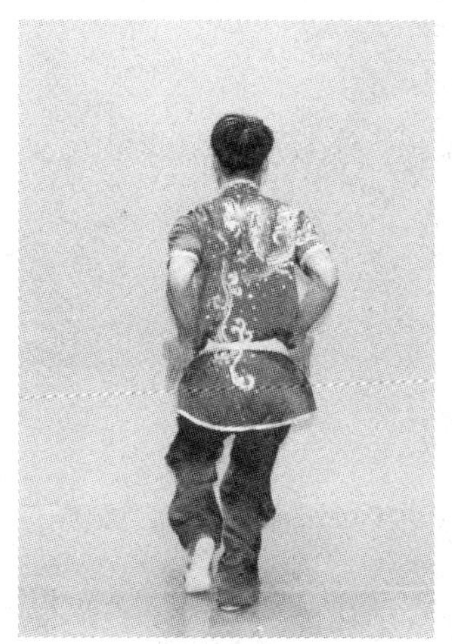

①(正面)(背面)

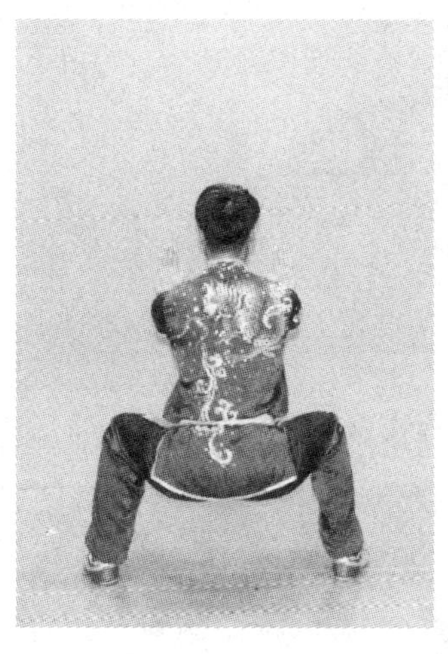

②(正面)(背面)

图 6-1-16

16. 翻身跳

(1)身体右闪成右弓步,两臂随身体右倾向左摆动,目视左侧。(图 6-1-17①、②)

①(正面)

②(背面)

(2)左右脚依次弧形上步,右脚蹬地;身体腾空左转、翻身跃地旋转一周,两臂随体转抡摆;目视左掌。(图 6-1-17③、④)

(3)左右脚依次落地,左腿伸直,右腿全蹲,脚尖外展成左仆步。左臂随身体翻转向上抡摆一周后置于左脚上方,掌指朝前,拇指一侧朝上;右臂摆至身体右后侧,拇指一侧朝上;目视左掌方向。(图 6-1-17⑤)

动作要点:身体翻转应轻灵敏捷,腾空要高,落地要稳。

③

④

⑤

图 6-1-17

17. 虚步护身掌

(1)身体微右转，左脚收至右脚内侧成并步；两臂前摆下捋回收至腰间；目视前方。(图 6-1-18①)

(2)身体微左转，右腿下蹲，左脚前伸，脚尖点地成左虚步；两掌向前推出，右掌附于左肘内侧；目视前方。(图 6-1-18②)

①

②

图 6-1-18

18. 收势

(1)重心右移，两脚碾地，右脚尖外展，左脚尖内扣成右弓步；右臂经上向体右侧打开；目视右手(图 6-1-19①)。左脚迅速向右脚并拢，两腿直立，两掌变拳收抱腰间；迅速向左摆头，目视左侧。(图 6-1-19②)

①

②

图 6-1-19

(2)两拳变掌自然垂于体侧;头向右转正,目视前方。(图 6-1-19③)

③

图 6-1-19

动作要点:抱拳、转头迅速,协调一致。

二、对打套路

(一)动作名称

预备式:并步直立		
	甲	乙
1	起势	起势
2	跃步劈掌	弓步架拳
3	马步架冲拳	马步格挡
4	提膝亮掌	搂手勾踢
5	弓步双架掌	弓步反劈拳
6	右蹬腿	丁步勾手亮掌
7	左鞭腿	马步双推掌
8	勾手侧踹	翻身跳
9	虚步护身掌	虚步护身掌
10	收势	收势

（二）动作图解

预备式：甲乙并步直立，甲向右后方退一步，乙向左前方上一步。甲乙前后距离约 1 米，横向距离约 1.5 米，乙向后转。（图 6-1-20①、②）

①

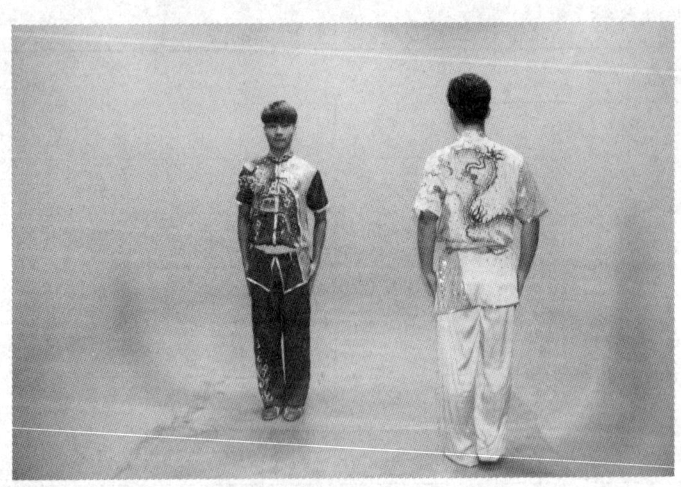

②

图 6-1-20

1. 甲乙起势

甲乙并步抱拳，上步正踢腿，弓步看拳，目视对方。（图 6-1-21①～⑤）

①

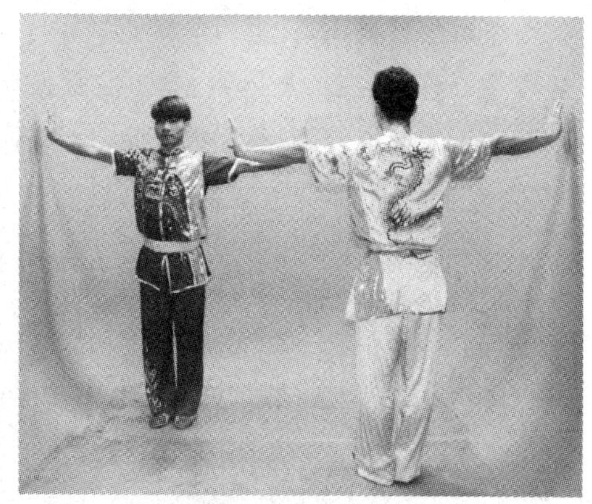

②

③

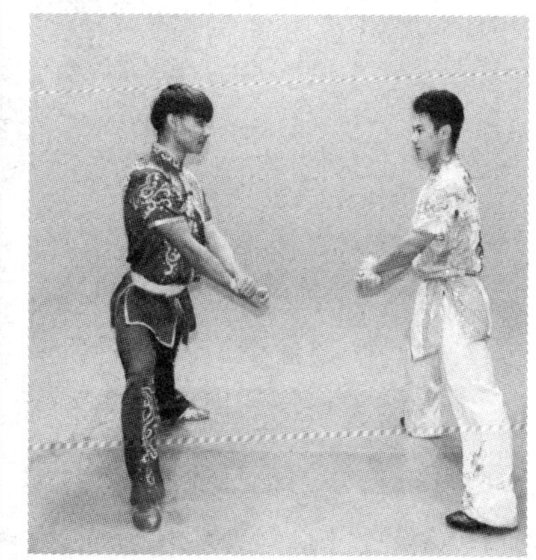

④

⑤

图 6-1-21

2.甲跃步劈拳、乙弓步架拳

甲重心移至左腿，身体微左转，右膝提起，向前跃步成左弓步；右拳变掌经上划弧向乙头部抡劈，左拳收抱腰间；目视前方。乙重心前移，左脚向前活步成左弓步；左拳内旋，曲臂上架甲右臂；目视前方。（图 6-1-22）

图 6-1-22

3.甲马步架冲拳、乙马步格挡

甲身体右转，左脚内扣，两腿屈膝成马步；左拳向乙胸部冲出，右掌架于头上方；目视乙方。乙身体右转，左脚内扣，两腿屈膝成马步；左臂屈肘外旋，向内横格甲左臂；目视左臂格挡方向。（图 6-1-23）

图 6-1-23

4. 乙搂手勾踢、甲提膝亮掌

乙身体左转，右脚勾挂甲左脚根部；两拳变掌后摆，至体后变勾手；目视甲方。甲重心后移，提左膝躲避乙方勾挂；两臂体前交叉，左掌摆至体后变勾手，右掌弧形上摆至头上方亮掌；目视乙方。（图 6-1-24）

动作要点：乙勾踢时，脚跟贴地；甲提膝及时，单脚站立要稳定。

图 6-1-24

5. 乙弓步反劈拳、甲弓步双架掌

乙右脚前落成右弓步，左勾手变掌向外、向上、向下提前按掌；右勾手变拳反劈甲头部，力达拳背；目视甲方。甲左脚下落，右脚退步成左弓步；两掌经腹前向前上方交叉上架乙拳，拳心朝外，右掌在外；目视乙方。（图 6-1-25）

图 6-1-25

6. 甲右蹬腿、乙丁步勾手亮掌

甲重心前移，右脚提起，大腿带动小腿向乙腹部蹬出，脚尖向上，力达脚跟；两掌变拳，收抱腰间；目视乙方。乙重心后移，右脚迅速回收至左脚成丁步；右拳变勾手经体前划弧向下、向外勾挂拦截甲腿；左掌上摆至头上方，掌心朝上；目视甲方。（图 6-1-26）

动作要点：甲蹬腿迅速、敏捷，乙收腿闪身要快，右臂外挂有力。

图 6-1-26

7. 甲左鞭腿、乙马步双推掌

甲右脚外展前落，身体微右转，左脚提起，大腿带动小腿弧形向乙头部鞭打，力达脚背及小腿前侧；右臂上摆至下颌处，左臂伸直随身摆动；目视左脚鞭打方向。乙身体右转 180°，右脚向右活步，两腿屈膝成马步；右勾手变掌，双掌向前推拦甲鞭腿；目视击拍方向。（图 6-1-27）

动作要点：甲左鞭腿要快，乙右闪快速轻灵，双掌击拍要及时。

8. 甲勾手侧踹、乙翻身跳

(1)甲左脚前落，两臂屈肘于胸前，目视乙方。乙重心右移，身体侧闪，两臂自然下摆，目视甲方。（图 6-1-28①）

(2)甲重心移至左脚，脚尖外展，身体左转、倾斜，右脚提起，向乙横脚踹出；右手变勾手摆至体后，左手摆至头上亮掌；目视乙方。乙左右脚依次上步，腾空翻身跳起，躲避甲侧踹。（图 6-1-28②）

图 6-1-27

①

②

图 6-1-28

9.甲乙虚步护身掌

(1)甲右脚落地,身体左转,左脚收至右脚成并步;两掌收至腰间;目视乙方。乙翻身落地后,左脚收至右脚成并步,两掌收至腰间;目视甲方。(图 6-1-29①)

(2)甲乙右腿屈膝下蹲,左脚前伸成左虚步,两掌向前推出;目视对方。(图 6-1-29②)

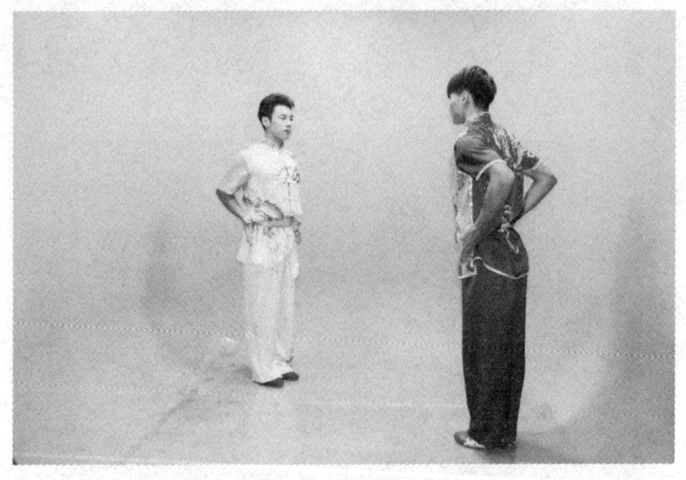

①

②

图 6-1-29

10. 甲乙收势

(1)甲乙重心右移，两脚碾地，身体右转，右臂经上向身体右侧打开，目视右手；左脚迅速向右脚并拢，两腿直立，两掌变拳收抱腰间，向左摆头，目视对方。(图 6-1-30①②)

(2)甲乙两拳变掌，两臂自然垂于体侧，目视前方(图 6-1-30③)。乙向后转，甲乙并排直立，目视前方。(图 6-1-30④)

①

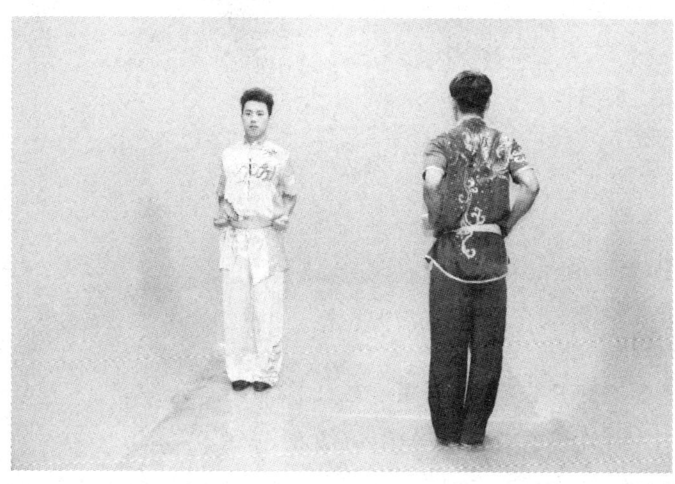

②

③

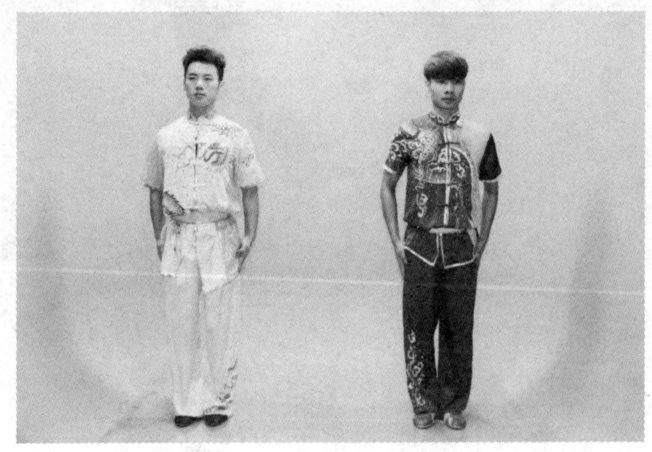

④

图 6-1-30

三、拆　招

1.勾踢拆招

(1)甲乙面对面开步直立。(图 6-1-31①)

(2)乙上左步左劈掌攻击甲头部。(图 6-1-31②)

(3)甲上左步成左弓步,左臂屈肘内旋,上架乙左臂。(图 6-1-31③)

(4)甲右掌向乙左前臂下穿掌上架,重心迅速前移,右脚勾踢乙左脚踝,右掌翻腕抓握乙臂,向右后方回带。(图 6-1-31④、⑤)

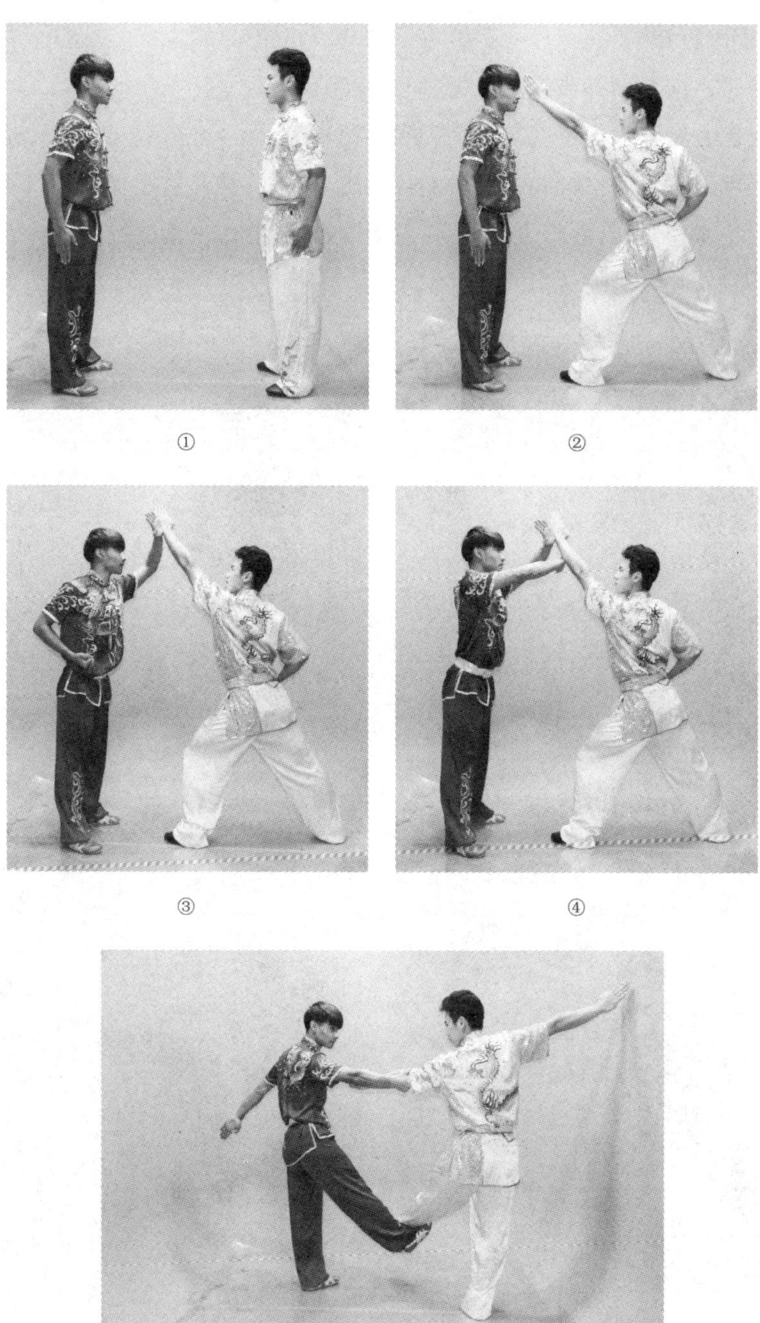

①　②　③　④　⑤

图 6-1-31

2.侧踹拆招

(1)甲乙面对面开步直立。(图 6-1-32①)

(2)乙右蹬腿攻击甲腹部。(图 6-1-32②)

(3)甲退右步,身体向右侧闪,左臂内旋,左手外挂乙右腿。(图 6-1-32③)

(4)甲身体右转,右脚尖外展,提左腿踹击乙胸部。(图 6-1-32④)

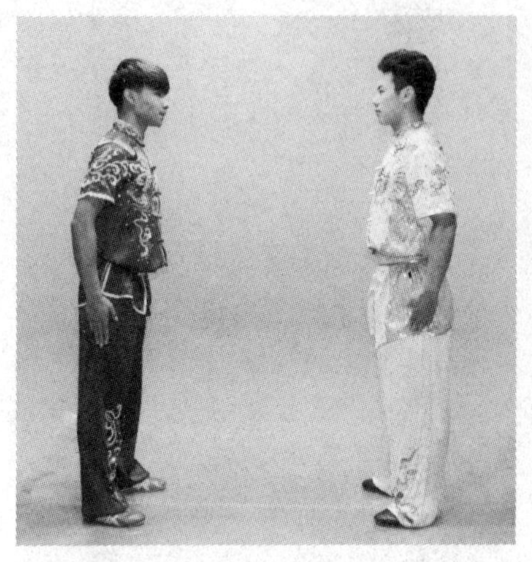

①

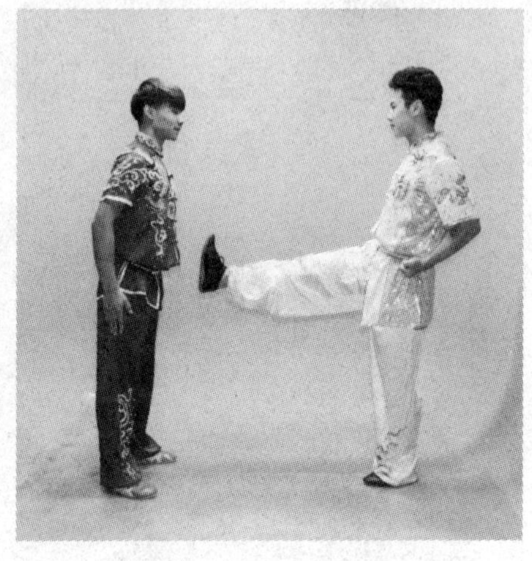

②

③

④

图 6-1-32

3. 鞭腿拆招

(1)甲乙面对面开步直立。(图 6-1-33①)

(2)乙右贯拳击打甲头部。(图 6-1-33②)

(3)甲撤右脚,左臂屈肘外格防乙贯拳。(图 6-1-33③)

(4)甲重心前移,向左转身,右鞭腿击打乙头部。(图 6-1-33④)

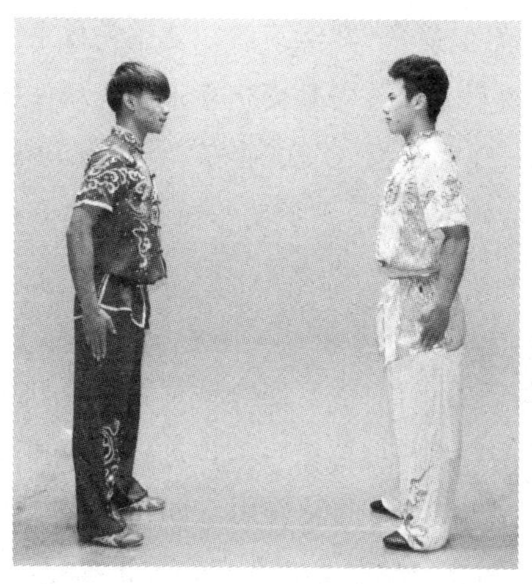

①

②

③

④

图 6-1-33

四、教学要点

长拳(二段)套路短小精悍,全套包括单练、对练和拆招技法。单练是由18个动作所组合成的短小套路,对练套路由10个攻防动作所组成,并重点介绍了3组拆招技法。

1.抓规范,重理解,悉要领

长拳(二段)属基础性套路,套路动作看似简单,其实不然。动作完成是否标准规范,取决于教学中对动作规范的重视程度。首先是要建立正确的动作概念,要在基本功和基本动作教学的基础上,强化手型、手法、步型、步法,以及腿法等动作的练习,对学生出现的错误动作应随时纠正,讲示动作要领,提高套路的熟练程度和动作的规范性。

2.重视动作攻防含义讲解和示范

在熟练掌握长拳(二段)单练套路的基础上,就对练套路和拆招组合进行攻防动作的教学,在教学的过程中应结合对练套路和拆招组合动作进行讲解和示范,把握好分解和完整示范的时机,使学生对攻与防的动作用法和技术要领十分清楚,加深学生对动作的理解,并在攻防练习中随时进行纠正和强化练习,提高动作的运用能力和攻防时机的把控。

3.突出长拳技术风格

熟悉技术风格有利于学生更好地学习和掌握长拳套路,提高演练水平。长拳有自己独特的风格和特点,突出动作的规范性,讲求动作舒展大方,节奏鲜明,有“一寸长一寸强”的要求。因此,无论是课堂练习或是课后复习,都要提出练习的要求和方法,才能使学生掌握长拳练习的基本方法和要求,逐步理解长拳的技术风格。

第二节 初级长拳(第三路)

一、动作名称

预备动作:1.虚步亮掌 2.并步对拳							
第一段							
1	弓步冲拳	2	弹腿冲拳	3	马步冲拳	4	弓步冲拳
5	弹腿冲拳	6	大跃步前穿	7	弓步击掌	8	马步架掌
第二段							
9	虚步栽拳	10	提膝穿掌	11	仆步穿掌	12	虚步挑掌
13	马步击掌	14	叉步双摆掌	15	弓步击掌	16	转身踢腿马步盘肘
第三段							
17	歇步抡砸拳	18	仆步亮掌	19	弓步劈拳	20	换跳步弓步冲拳
21	马步冲拳	22	弓步下冲拳	23	叉步亮掌侧踹腿	24	虚步挑拳
第四段							
25	弓步顶肘	26	转身左拍脚	27	右拍脚	28	腾空飞脚
29	歇步下冲拳	30	仆步抡劈拳	31	提膝挑掌	32	提膝劈掌弓步冲拳
结束动作:1.虚步亮掌 2.并步对拳 3.还原							

二、动作图解

预备动作。

预备势。

两脚并步站立,两臂垂于身体两侧,五指并拢贴靠腿外侧,眼向前平视。(图 6-2-1)

要点:头要端正,颌微收,挺胸,塌腰,收腹。

1.虚步亮掌

(1)右脚向右后方撤步成左弓步。右掌向右、向上、向前划弧,掌心向上;左臂屈肘,左掌提至腰侧,掌心向上;随后右腿微屈,重心后移。左掌经胸前从右

图 6-2-1

臂上向前穿出伸直；右臂屈肘，右掌收至腰侧，掌心向上，目视左掌。（图 6-2-2①）

(2)重心继续后移，左脚稍向右移，脚尖点地，成左虚步。左臂内旋向左、向后划孤成勾手，勾尖向上；右手继续向后、向右、向前上划孤，屈肘抖腕，在头部上方成亮掌（即横掌），掌心向前，掌指向左，目视左方。（图 6-2-2②）

①

②

图 6-2-2

要点：三个动作必须连贯。成虚步时，重心落于右腿上，右大腿与地面平行。左腿微屈，脚尖点地。

2. 并步对拳

(1)右腿蹬直,左腿提膝,脚尖里扣,上肢姿势不变。(图 6-2-3①)

(2)左脚向前落步,重心前移。左臂屈肘,左勾手变掌经左肋前伸;右臂外旋向前下落于左掌右侧,两掌同高,掌心均向上。(图 6-2-3②)

(3)右脚向前上一步,两臂下垂后摆。(图 6-2-3③)

(4)左脚向右脚并步,两臂向外向上经胸前屈肘下按,两掌变拳,拳心向下,停于小腹前,目视左侧。(图 6-2-3④)

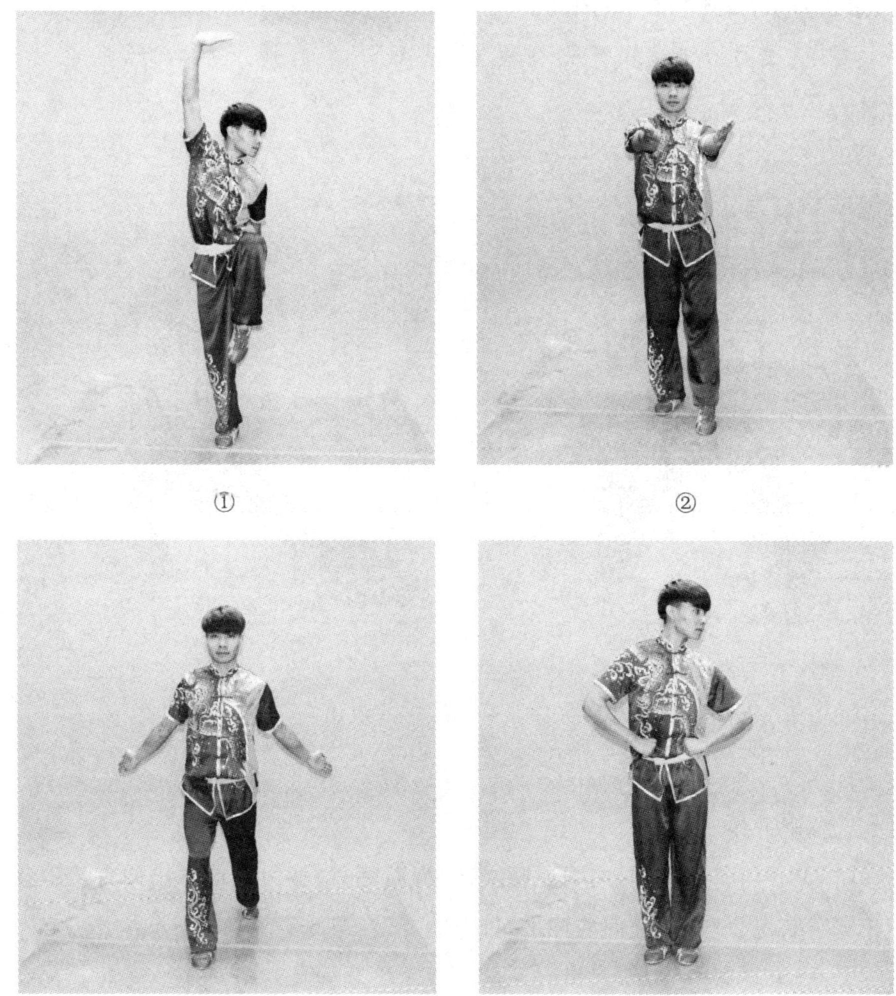

① ② ③ ④

图 6-2-3

要点：并步后挺胸、塌腰。对拳、并步、转头要同时完成。

第一段

1. 弓步冲拳

(1)左脚向左上一步，脚尖向斜前方；右腿微屈，成半马步。左臂向上向左格打，拳眼向后，拳与肩同高；右拳收至腰侧，拳心向上，目视左拳。(图6-2-4①)

(2)右腿蹬直成左弓步。左拳收至腰侧，拳心向上，右拳向前冲出，高与肩平，拳眼向上，目视右拳。(图6-2-4②)

要点：成弓步时，右腿充分蹬直，脚跟不要离地。冲拳时，尽量转腰顺肩。

①

②

图 6-2-4

2. 弹腿冲拳

(1)重心前移至左腿，右腿屈膝提起，脚面绷直，猛力向前弹出伸直，高与腰平。右拳收至腰侧；左拳向前冲出，目视前方。(图6-2-5)

要点：支撑腿可微屈，弹出的腿由弯到伸要有爆发力，力达脚尖。

图 6-2-5

3.马步冲拳

右脚向前落步，脚尖内扣，上体左转。左拳收至腰侧，两腿下蹲成马步；右拳向前冲出，目视右拳。（图 6-2-6）

要点：成马步时，大腿要平，两脚平行，脚跟外蹬，挺胸、塌腰。

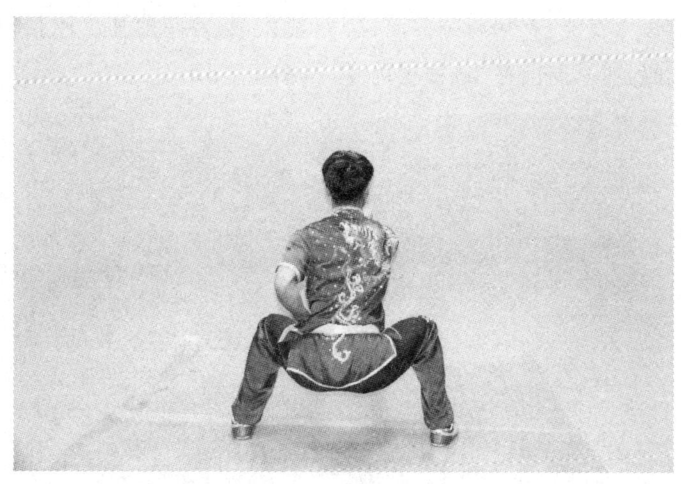

图 6-2-6

4.弓步冲拳

（1）上体右转 90°，右脚尖外撇向斜前方，成半马步。右臂屈肘向右格打，拳眼向后，目视右拳。（图 6-2-7①）

(2)左腿蹬直成右弓步。右拳收至腰侧;左拳向前冲出,目视左拳。(图 6-2-7②)

要点:成弓步时,左腿充分蹬直,脚跟不要离地。冲拳时,尽量转腰顺肩。

① ②

图 6-2-7

5.弹腿冲拳

重心前移至右腿,左腿屈膝提起,脚面绷直,猛力向前弹出伸直,高与腰平。左拳收至腰侧,右拳向前冲出,目视前方。(图 6-2-8)

图 6-2-8

要点:支撑腿可微屈,弹出的腿由弯到伸要有爆发力,力达脚尖。

6. 大跃步前穿

(1)左腿微膝，右拳变掌内旋，以手背向下挂至左膝外侧，上体前倾，目视右手。(图 6-2-9①)

(2)左脚向前落步，两腿微屈。右掌继续向后挂，左拳变掌，向后向下伸直，目视右掌。(图 6-2-9②)

(3)右腿屈膝向前提起，左腿立即猛力蹬地向前跃出。两掌向前向上划孤摆起。目视右掌。(图 6-2-9③)

(4)右腿落地全蹲，左腿随即落地向前铲出成仆步。右掌变拳抱于腰侧，左掌由上向右向下划弧成立掌，停于右胸前，目视左脚。(图 6-2-9④)

① ② ③ ④

图 6-2-9

要点：跃步跳起时，向高远跃起，落地要轻，落地后立即衔接下一个动作。

7. 弓步击掌

右腿猛力蹬直成左弓步。左掌经左脚面向后划弧至身后成勾手，左臂伸直，勾尖向上，右拳由腰侧变掌向前推出，掌指向上，掌外侧向前，目视右掌。（图 6-2-10）

要点：弓步击掌，后腿蹬直。击掌快速，力达掌外延。

图 6-2-10

8. 马步架掌

(1)重心移至两腿中间，左脚脚尖内扣成马步，上体右转。右臂向左侧平摆，稍屈肘；同时左勾手变掌由后经左腰侧从右臂内向前上穿出，掌心朝上，目视左手。（图 6-2-11①）

(2)右掌立于左胸前；左臂向左上屈肘抖腕亮掌于头部左上方，掌心向前。目右转视。（图 6-2-11②）

要点：马步同前。架掌肘微屈，手臂有力上架。

①

②

图 6-2-11

第二段

9.虚步栽拳

(1)右脚蹬地，屈膝提起；左腿伸直，以前脚掌为轴向右后转体 180°。右掌由左胸前向下经右腿外侧向后划弧成勾手；左臂随体转动并外旋，使掌心朝上，目视右手。(图 6-2-12①)

(2)右脚向右落地，重心移至右腿上，下蹲成左虚步。左掌变拳下落于左膝上，拳眼向里，拳心向后；右勾手变拳，屈肘向上架于头右上方，拳心向前。目视左方。(图 6-2-12②)

①

②

图 6-2-12

要点：虚步重心落在后腿上，栽拳(向下)和架拳(向上)配合协调。

10.提膝穿掌

(1)右腿稍伸直。右掌变拳收至腰侧、掌心向上,左拳变掌由下向左向上划弧盖压于头上方,掌心向前。(图 6-2-13①)

(2)右腿蹬直,左腿屈膝提起,脚尖内扣。右掌从腰侧经左臂内向右前上方穿出,掌心向上,左掌收至右胸前成立掌。目视右掌。(图 6-2-13②)

①

②

图 6-2-13

要点:支撑腿与右臂充分伸直。

11.仆步穿掌

右腿全蹲,左腿向左后方铲出成左仆步。右臂不动,左掌由右胸前向下经左腿内侧,向左脚面穿出。目随左掌转视。(图 6-2-14)

图 6-2-14

12. 虚步挑掌

(1)右腿蹬直，重心前移至左腿，成左弓步。右掌稍下降，左掌随重心前移向前挑起。(图 6-2-15①)

(2)右脚向左前方上步，左腿半蹲，成右虚步。身体随上步左转 180°。在右脚上步的同时，左掌由前向上向后划弧成立掌，右掌由后向下向前上挑起成立掌，指尖与眼平。目视右掌。(图 6-2-15②)

要点：上步快速轻灵，虚步要稳，挑掌时手腕灵活快速上挑。

①

②

图 6-2-15

13. 马步击掌

(1)右脚落实，脚尖外撇，重心稍升高并右移，左掌变拳收至腰侧；右掌俯掌向外搂手。(图 6-2-16①)

(2)左脚向前上一步，以右脚为轴向右后转体 180°，两腿下蹲成马步。左掌从右臂上成立掌向左侧击出；右掌变拳收至腰侧。目视左掌。(图 6-2-16②)

要点：右手做搂手时，先使臂稍内旋、腕伸直，手掌向下向外转，接着臂外旋，掌心经下向上翻转，同时抓握成拳。收拳和击掌动作要同时进行。

①　　②

图 6-2-16

14. 叉步双摆掌

(1)重心稍右移,同时两掌向下向右摆,掌指均向上。目视右掌。(图 6-2-17①)

(2)右脚向左腿后插步,前脚掌着地。两臂继续由右向上向左摆,停于身体左侧,均成立掌,右掌停于左肘窝处。目随双掌转视。(图 6-2-17②)

①

②

图 6-2-17

要点：双摆掌时，两臂要大幅度划立圆，摆掌与后插步配合协调一致。

15.弓步击掌

(1)两腿不动。左掌收至腰侧，掌心向上；右掌向上向右划孤，掌心向下。(图 6-2-18①)

(2)左腿后撤一步，成右弓步。右掌向下向后伸直摆动，成勾手，勾尖向上；左掌成立掌向前推出。目视左掌。(图 6-2-18②)

①

②

图 6-2-18

16.转身踢腿马步盘肘

(1)两脚以前脚掌为轴向左后转体 180°。在转体的同时，左臂向上向前划半立圆，右臂向下向后划半圆。(6-2-19①)

(2)上动不停，两脚不动，右臂由后向上向前划半立圆，左臂由前向下向后划半立圆。(图 6-2-19②)

(3)上动不停，右臂向下成反臂勾手，勾尖向上；左臂向上成亮掌，掌心向前上方。右腿伸直，脚尖勾起，向额前踢。(图 6-2-19③)

(4)右脚向前落地，脚尖内扣。右手不动，左臂屈肘下落至胸前，左掌心向下。目视左掌。(图 6-2-19④)

(5)上体左转 90°，两腿下蹲成马步。同时左掌向前向左平掳变拳收至腰侧，右勾手变拳，右臂伸直，由体后向右向前平摆，至体前时屈肘，肘尖向前，高与肩平，拳心向下。日视肘尖。(图 6-2-19⑤)

要点：两臂抡动要贴身并划立圆，动作连贯。盘肘时要快速有力，右肩前顺。

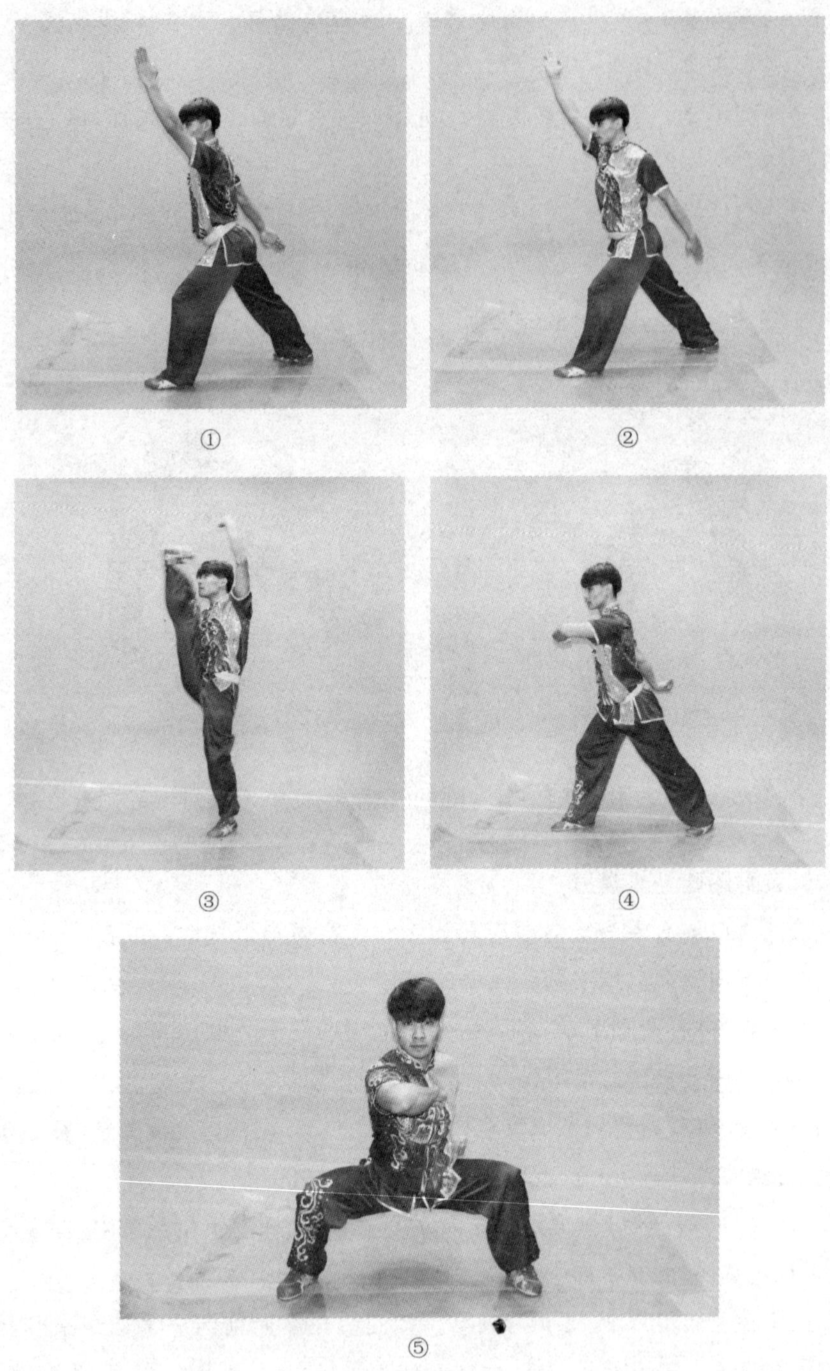

①
②
③
④
⑤

图 6-2-19

第三段

17.歇步抡砸拳

(1)重心稍升高,右脚尖外撇。右臂由胸前向上向右抡直;左拳向下向左,使臂抡直。目视右拳。(图 6-2-20①)

(2)上动不停,两脚以前脚掌为轴,向右后转体 180°。右臂向下向后抡摆,左臂向上向前随身体转动。(图 6-2-20②)

(3)紧接上动,两腿全蹲成歇步。左臂随身体下蹲向下平砸,拳心向上,臂部微屈;右臂伸直向上举起。目视左拳。(图 6-2-20③)

①

②

③

图 6-2-20

要点：抡臂动作快速连贯，抡臂划立圆。歇步两腿交叉全蹲，左腿大、小腿靠紧，臀部贴于左小腿外侧，膝关节在右小腿外侧，脚跟提起，右脚尖外撇，全脚着地。

18.仆步亮拳

(1)左脚由右腿后抽出前上一步，左腿蹬直，右腿半蹲，成右弓步。上体微向右转。左拳收至腰侧，右拳变掌向下经胸前向右横击掌。目视右掌。(图6-2-21①)

(2)右脚蹬地屈膝提起，上体右转。左拳变掌从右掌上向前穿出，掌心向上，右掌平收至左肘下。(图6-2-21②)

(3)右脚向右落步，屈膝全蹲，左腿伸直，成仆步。左掌向下向后划弧成勾手，勾尖向上，右掌向右向上划弧微屈，抖腕成亮掌，掌心向前。头随右手转动，至亮掌时，目视左方。(图6-2-21③)

①

②

③

图6-2-21

要点：仆步时，左腿充分伸直，脚尖内扣，右腿全蹲，两脚脚掌全部着地。上体挺胸塌腰，稍左转。

19.弓步劈拳

(1)右腿蹬地立起；左腿收回并向左前方上步。右掌变拳收至腰侧，左勾手变掌由下向前上经胸前向左做掳手。(图 6-2-22①)

(2)右腿经左腿前方向左绕上一步，左腿蹬直成右弓步。左手向左平掳后再向前挥摆，虎口朝前。(图 6-2-22②)

(3)在左手平掳的同时，右拳向后平摆，然后再向前向上做抡劈拳，拳高与耳平，拳心向上，左掌外旋接扶右前臂，目视右拳。(图 6-2-22③)

①

②

③

图 6-2-22

要点：左右脚上步稍带弧形，劈拳抡劈快速有力。

20. 换跳步弓步冲拳

(1)重心后移，右脚稍向后移动。右拳变掌臂内旋以掌背向下划弧挂至右膝内侧；左掌背贴靠右肘外侧，掌指向前，目视右掌。(图 6-2-23①)

(2)右腿自然上抬，上体稍向左扭转。右掌挂至体左侧，左掌伸向右腋下。目随右掌转视。(图 6-2-23②)

(3)右脚以全脚掌用力向下震跺，与此同时，左脚急速离地抬起。右手由左向上向前掳盖而后变拳收至腰侧，左掌伸直向下、向上、向前屈肘下按，掌心向下。上体右转，目视左掌。(图 6-2-23③)

(4)左脚向前落步，右腿蹬直成左弓步。右拳向前冲出，拳高与肩平；左掌藏于右腋下，掌背贴靠腋窝。目视右拳。(图 6-2-23④)

① ② ③ ④

图 6-2-23

要点：换跳步动作要连贯、协调。震脚时腿要弯屈，全脚掌着地，左脚离地不要高。

21. 马步冲拳

上体右转 90°，重心移至两腿中间，成马步。右拳收至腰侧，左掌变拳向左冲出，拳眼向上。目视左拳。（图 6-2-24）

图 6-2-24

22. 弓步下冲掌

右脚蹬直，左腿弯屈，上体稍向左转，成左弓步。左拳变掌向下经体前向上架于头左上方，掌心向上，右拳自腰侧向左前斜下方冲出。目视右拳。（图 6-2-25）

图 6-2-25

23.叉步亮掌侧踹腿

(1)上体稍右转。左掌由头上下落于右手腕上,右拳变掌,两手交叉成十字。目视双手。(图 6-2-26①)

(2)右脚蹬地并向左腿后插步,以前脚掌着地。左掌由体前向下向后划弧成勾手,勾尖向上,右掌由前向右向上划弧抖腕亮掌,掌心向前。目视左侧。(图 6-2-26②)

(3)重心移至右腿,左腿屈膝提起,向左上方猛力蹬出。上肢姿势不变,目视左侧。(图 6-2-26③)

①

②

③

图 6-2-26

要点：插步时上体稍向右倾斜，腿、臂的动作要一致。侧踹高度不能低于腰，大腿内旋，着力点在脚跟。

24. 虚步挑掌

(1)左脚在左侧落地。右掌变拳稍后移，左勾手变拳由体后向左上挑，拳背向上。(图 6-2-27①)

(2)上体左转 180°，微含胸前俯。左拳继续向前向上划弧上挑，右拳向下向前划弧挂至右膝外侧，同时右膝提起。目视右拳。(图 6-2-27②)

(3)右脚向左前方上步，脚尖点地，重心落于左脚，左腿下蹲成右虚步。左拳向后划弧收至腰侧，拳心向上，右拳向前屈臂挑出，拳眼斜向上，拳与肩同高。目视右拳。(图 6-2-27③)

①

②

③

图 6-2-27

第四段

25.弓步顶肘

(1)重心升高,右脚踏实。右臂内旋向下直臂划弧以拳背下挂至右膝内侧,左拳不变。目视前下方。(图 6-2-28①)

(2)左腿蹬直,右腿屈膝上抬。左拳变掌,右拳不变,两臂向前向上划弧摆起。目随右拳转视。(图 6-2-28②)

(3)左脚蹬地起跳,身体腾空,两臂继续划弧至头上方。(图 6-2-28③)

(4)右脚先落地,右腿屈膝,左脚向前落步,以前脚掌着地。同时两臂向右向下屈肘停于右胸前,右拳变掌,左掌变拳。右掌心贴靠左拳面。(图 6-2-28④)

(5)左脚向左上一步,左腿屈膝,右腿蹬直成左弓步。右掌推左拳,以左肘尖向左顶出,高与肩平。目视前方。(图 6-2-28⑤)

要点:交换步时不要过高,但要快。两臂抡摆时要成圆弧。

① ②

③

④

⑤

图 6-2-28

26.转身左拍脚

(1)以两脚前脚掌为轴向右后转体 180°。随着转体,右臂向上、向右向下划弧抡摆,同时左拳变掌向下向后向前上抡摆。(图 6-2-29①)

(2)左腿伸直向前上踢起,脚面绷平。左掌变拳收至腰侧,右掌由体后向上向前拍击左脚面。(图 6-2-29②)

①

②

图 6-2-29

要点：右掌拍脚时手掌稍横过来，拍脚要准而响亮。

27. 右拍脚

(1)左脚向前落地，左拳变掌向下向后摆，右掌变拳收至腰侧。(6-2-30①)

(2)右腿伸直向前上踢起，脚面绷平。左拳变掌由后向上向前拍击右脚面。(图 6-2-30②)

①

②

图 6-2-30

要点：与本节的转身左拍脚相同。

28. 腾空飞脚

(1)右脚落地。(图 6-2-31①)

(2)左脚向前摆起，右脚猛力蹬地跳起，左腿屈膝继续前上摆。同时右拳变掌向前向上摆起，左掌先上摆而后下降拍击右掌背。(图 6-2-31②)

(3)右腿继续上摆，脚面绷平。右手拍击右脚面，左掌由体前向后上举。(图 6-2-31③)

要点：蹬地要向上，不要太向前冲，左膝尽量上提。击响要在腾空时完成，右臂伸直成水平。

①

②

③

图 6-2-31

29.歇步下冲拳

(1)左、右脚先后相继落地。左掌变拳收至腰侧。(图 6-2-32①)

(2)身体右转 90°,两腿全蹲成歇步。右掌抓握、外旋变拳收至腰侧;左拳由腰侧向前下方冲出,拳心向下。目视左拳。(图 6-2-32②)

①

②

图 6-2-32

30.仆步抡劈拳

(1)重心升高,右臂由腰侧向体后伸直,左臂随身体重心升高向上摆起。(图 6-2-33①)

(2)以右脚前脚掌为轴,左腿屈膝提起,上体左转 270°。左拳由前向后下划立圆一周;右拳由后向下向前上划立圆一周。(图 6-2-33②)

(3)左腿向后落一步,屈膝全蹲,右腿伸直,脚尖里扣成右仆步。右拳由上向下抡劈,拳眼向上;左拳后上举,拳眼向上。目视右拳。(图 6-2-33③)

①

②

③

图 6-2-33

要点：抡臂时一定要划立圆。

31. 提膝挑掌

(1)重心前移成右弓步。同时右拳变掌由下向上抡摆，左拳变掌稍下落，右掌心向左，左掌心向右。(图 6-2-34①)

(2)左、右臂在垂直面上由前向后各划立圆一周。右臂伸直停于头上，掌心向左，掌指向上，左臂伸直停于身后成反勾手。同时右腿屈膝提起，左腿挺膝伸直独立。目视前方。(图 6-2-34②)

①

②

图 6-2-34

要点：抡臂时要划立圆。

32.提膝劈掌弓步冲拳

(1)下肢不动。右掌由上向下猛劈伸直,停于右小腿内侧,用力点在小指一侧;左勾手变掌,屈臂向前停于右上臂内侧,掌心向左。目视右掌。(图 6-2-35①)

(2)左脚向右后落地;身体右转 90°。同时左掌变拳收至腰侧,右臂内旋向右划弧做劈掌。(图 6-2-35②)

(3)上动不停,左腿蹬直成右弓步。右手抓握变拳收至腰侧,左拳由腰侧向左前方冲出。目视左拳。(图 6-2-35③)

①

②

③

图 6-2-35

结束动作(收势)

1. 虚步亮掌

(1)右脚扣于左膝后,两拳变掌,两臂右上左下屈肘交叉于体左前。目视右掌。(图 6-2-36①)

(2)右脚向右后落步,重心后移,右腿半蹲,上体稍右转。同时右掌向上、向右、向下划弧停于左腋下;左掌向左、向上划弧停于右臂上与左胸前,两掌心左下右上。目视左掌。(图 6-2-36②)

(3)左脚尖稍向右移,右腿下蹲成左虚步。左臂伸直向左、向后划弧成反勾手;右臂伸直向下、向右、向上划弧抖腕亮掌,掌心向前。目视左方。(图 6-2-36③)

①

②

③

图 6-2-36

2.并步对掌

(1)左腿后撤一步,同时两掌从两腰侧向前穿出伸直,掌心向上。(图 6-2-37①)

(2)右腿后撤一步,同时两臂分别向体后下摆。(图 6-2-37②)

(3)左脚后退半步向右脚并拢。两臂由后向上经体前屈臂下按,两掌变拳,停于腹前,拳心向下,拳面相对。目视左方。(图 6-2-37③)

①

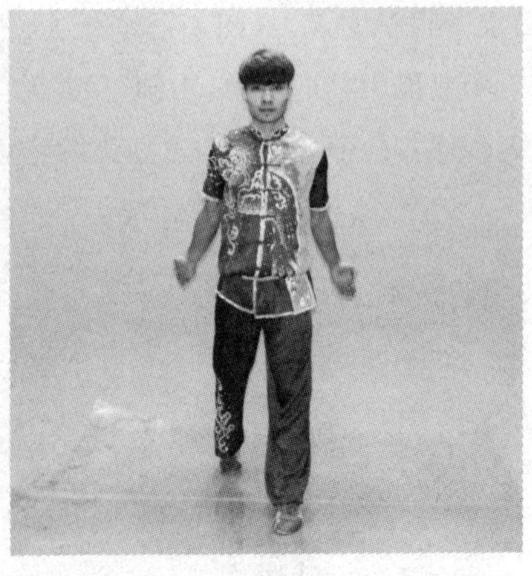
②

③

图 6-2-37

3. 还原

两臂自然下垂,目视正前方。(图 6-2-38)

图 6-2-38

三、教学要点

初级长拳(第三路)具有内容精炼、结构严谨、动作舒展、难度适中的特点,是学习和提高武术技能的基础性套路。初级长拳(第三路)内容包含有三种手型;五种步型;冲拳、劈拳、抡劈拳、击掌、架掌、穿掌、挑掌、摆掌、亮掌等手法;盘肘、顶肘两种肘法;弹腿、侧踹腿、前拍脚等腿法;以及大跃步前穿和飞脚等动作。全套动作的运行路线以直线往返为主,集踢、打、拿为一体,动作舒展大方、动作衔接流畅自然。教学初级长拳(第三路)套路时应注意以下几点:

1. 讲其型、重其法

武术的基本功、基本动作在"型"的要求上是十分严格的,讲其型就是要在学习和练习的过程中抓住动作外在"型"的要求和规范,而重其法则是要对动作方法的理解、领悟与合理运用。如学生在单个步型练习时往往都做到规范,而一旦进行步法练习时极易出现动作变形、步不稳等问题。"步不稳则拳乱"说明步法在长拳运动中的重要性。显然,只有"型"正(规范)、"法"合(动作方法清晰,方法正确),重视基本功、基本动作的练习是提高学生动作规格和技术水平的关键。

2. 强调长拳风格特点

长拳具有动作舒展、势正招圆、快速有力、灵活多变、起伏转折、节奏鲜明等典型的风格特点。教学中应注重启发、引发学生的想象力，同时可结合初级长拳（第三路）套路中的典型组合进行示范和讲解，或是借助影像教学，给学生更为生动的直观认识，使学生在脑海里有其清晰的认知，这对提高学生的兴趣和演练水平都具有积极的作用，有利于长拳教学任务的完成。

3. 力要顺达

劲力要顺达就是要使学生清晰掌握正确的动作路线和方法，以及动作发力顺序和劲力所达点。发力顺达是动作间衔接的必要条件，否则会使动作呆板、僵硬，力点不准确。如：初级长拳（第三路）套路中的仆步抡劈拳，其两臂的抡劈要快速连贯，使力通过手臂由上向下猛力劈出，力达拳轮。因此，在教学中强调力要顺达是十分必要的，有利于学生对动作的理解并使动作完成得豁达流畅。同时，对形成正确的劲力，突出长拳的风格特点，有着不可忽视的作用。

4. 结合套路剖析动作的攻防含义

在基本掌握套路动作后，把握对其动作攻防技术的讲解与示范，这就要求教师的讲解要清晰，示范要准确，教法要合理，才能使学生真正明确动作的攻防含义，并能较为准确地理解和掌握动作。这对提高学生的兴趣和动作完成质量具有积极的作用。

第三节 简化太极拳(二十四式)

一、动作名称

预备式:并步直立					
第一小节					
1	起势	2	左右野马分鬃	3	白鹤亮翅
4	左右搂膝拗步	5	手挥琵琶	6	左右倒卷肱
第二小节					
7	左揽雀尾	8	右揽雀尾	9	单鞭
10	云手	11	单鞭		
第三小节					
12	高探马	13	右蹬脚	14	双峰贯耳
15	转身左蹬脚	16	左下势独立	17	右下势独立
第四小节					
18	左右穿梭	19	海底针	20	闪通臂
21	转身搬拦捶	22	如封似闭	23	十字手
24	收势				

二、动作图解

预备式。

并步直立,面向正前方;两臂自然下垂,两手放在大腿外侧,眼向前平看。(图 6-3-1)

1. 起势

(1)身体自然直立,两脚开立,与肩同宽,脚尖向前,两臂自然下垂,两手放在大腿外侧,眼向前平看。(图 6-3-2①)

动作要点:头颈正直,下额微向后收,不要故意挺胸或收腹,精神要集中(起势由立正姿势开始,然后左脚向左分开,成开立步)。

(2)两臂慢慢向前平举,两手高与肩平,与肩同宽,手心向下,上身保持正

图 6-3-1 预备式

直。(图 6-3-2②)

两腿屈膝下蹲;同时两掌轻轻下按,两肘下垂与两膝相对;眼平看前方。(图 6-3-2③)

动作要点:两肩下沉,两肘松垂,手指自然微屈。屈膝松腰,臀部不可凸出,身体重心落于两腿中间,两臂下落和身体下蹲的动作要协调一致。

①两脚开立

②两臂前举

③屈膝按掌

图 6-3-2 起势

2.左右野马分鬃

(1)上体微向右转,身体重心移至右腿上。同时右臂收在胸前平屈,手心向上,左手经体前向右下划弧放在右手下,手心向上,两手心相对成抱球状;左脚随即收到右脚内侧,脚尖点地;眼看右手。(图 6-3-3①②)

(2)上体微向左转,左脚向左前方迈出,右脚跟后蹬,右脚自然伸直,成左弓步;同时上体继续向左转,左右手随转体慢慢分别向左上右下分开,左手高与眼平(手心斜向上),肘微屈;右手落在右胯旁,肘也微屈,手心向下,指尖向前,眼看左手。(图 6-3-3③④)

(3)上体慢慢后坐,身体重心移至右腿,左脚尖翘起,微向外撇,随后脚掌慢慢踏实,左腿慢慢前弓,身体左转,身体重心再移至左腿,同时左手翻转向下,左臂收在胸前平屈,右手向左上划弧放在左手下,两手心相对成抱球状;右脚随即收到左脚内侧,脚尖点地;眼看左手。(图 6-3-3⑤⑥)

(4)右脚向右前方迈出,左腿自然伸直,成右弓步,同时上体右转,左右手随转体分别慢慢向左下右上分开,右手高与眼平(手心斜向上),肘微屈;左手落在左胯旁,肘也微屈,手心向下,指尖向前;眼看右手。(图 6-3-3⑦⑧)

(5)与(3)同解,只是左右相反。(图 6-3-3⑨⑩)

(6)与(4)同解,只是左右相反。(图 6-3-3⑪⑫)

动作要点:上体不可前俯后仰,胸部必须宽松舒展。两臂分开时要保持弧形。身体转动时要以腰为轴。弓步动作与分手的速度要均匀一致。做弓步时,迈出的脚先是脚跟着地,然后脚掌慢慢踏实,脚尖向前,膝盖不要超过脚尖;后腿自然伸直,前后脚夹角约 45°到 60°(需要时后脚跟可以后蹬调整)。野马分鬃势的弓步,前后脚的脚跟要分在中轴线两侧,它们之间的横向距离(既以动作行进的中线为纵轴,其两侧的垂直距离为横向)应该保持在 10～30cm。

3.白鹤亮翅

(1)上体微向左转,左手翻掌向下,左臂平屈胸前,右手向左上划弧,手心转向上,与左手成抱球状;眼看左手。(图 6-3-4①)

(2)右脚跟进半步,上体后坐,身体重心移至右腿,上体先向右转,面向右前方,眼看右手;然后左脚稍向前移,脚尖点地,成左虚步。同时上体再微向左转,面向前方,两手随转体慢慢向右上左下分开,右手上提停于右额前,手心向左后方;左手落于左胯前,手心向下,指尖向前;眼平看前方。(图 6-3-4②③)

①重心右移
②收脚抱球
③左转出步
④弓步分手
⑤后坐撇脚
⑥跟步抱球
⑦右转出步
⑧弓步分手
⑨后坐撇脚
⑩跟步抱球
⑪左转出步
⑫弓步分手

图 6-3-3 左右野马分鬃

①跟步抱球

②后坐举臂

③虚步分手

图 6-3-4 白鹤亮翅

动作要点：完成姿势胸部不要挺出，两臂上下都要保持半圆形，左膝要微屈。身体重心后移和右手上提、左手下按要协调一致。

4. 左右搂膝拗步

(1)右手从体前下落，向后上方划弧至右肩外侧，肘微屈，手与耳同高，手心斜向上；左手由左下向上，向右下方划弧至右胸前，手心斜向下；同时上体先微向左再向右转；左脚收至右脚内侧，脚尖点地；眼看右手。(图 6-3-5①②③)

(2)上体左转，左脚向前(偏左)迈出成左弓步，同时右手屈回由耳侧向前推出，高与鼻尖平；左手向下由左膝前搂过落于左挎旁，指尖向前；眼看右手手指。(图 6-3-5④⑤)

(3)右腿慢慢屈膝，上体后坐，身体重心移至右腿，左脚尖翘起微向外撇，随后脚掌慢慢踏实，左腿前弓，身体左转，身体重心移至左腿，右脚收到左脚内侧，脚尖点地；同时左手向外翻掌由左后向上划弧至左肩外侧，肘微屈，手与耳同高，手心斜向上；右手随转体向上、向左下划弧落于左胸前，手心斜向上；眼看左手。(图 6-3-5⑥⑦)

(4)与(2)同解，只是左右相反。(图 6-3-5⑧⑨⑩)

(5)与(3)同解，只是左右相反。(图 6-3-5⑪⑫⑬)

(6)与(2)同解。(图 6-3-5⑭⑮)

动作要点：前手推出时，身体不可前俯后仰，要松腰松胯。推掌时要沉肩垂肘、坐腕舒掌，同时须与松腰、弓腿上下协调一致。搂膝拗步成弓步时，两脚跟的横向距离保持约 30cm。

①左转落手 ②右转翻掌 ③收脚举臂

④出步屈肘 ⑤弓步搂推 ⑥后坐松腕

⑦左转举臂 ⑧收脚屈肘 ⑨右转出步

⑩弓步搂推 ⑪后坐松腕 ⑫右转翻掌

⑬收脚举臂 ⑭出步屈肘 ⑮弓步搂推

图 6-3-5 左右搂膝拗步

5. 手挥琵琶

右脚跟进半步，上体后坐，身体重心转至右腿上，上体半面向右转，左脚略提起稍向前移，变成左虚步，脚跟着地，脚尖翘起，膝部微屈；同时左手由左下向上挑举，高于鼻尖平，掌心向右，臂微屈；右手收回放在左臂肘部里侧，掌心向左；眼看左手食指。（图 6-3-6①②）

①跟步挑掌 ②虚步合臂

图 6-3-6 手挥琵琶

动作要点：身体要平稳自然，沉肩垂肘，胸部放松。左手上起时不要直向上挑，要由左向上、向前，微带弧形。右脚跟进时，脚掌先着地，再全脚踏实。身体重心后移和左手上起、右手回收要协调一致。

6.左右倒卷肱

(1)上体右转，右手翻掌（手心向上）经腹前由下向后上方划弧平举，臂微屈，左手随即翻掌向上；眼的视线随着向右转体先向右看，再转向前方看左手。（图 6-3-7①②）

(2)右臂屈肘折向前，右手由耳侧向前推出，手心向前；左臂屈肘后撤，手心向上，撤至左肋外侧；同时左脚轻轻提起向后（偏左）退一步，脚掌先着地，然后全脚慢慢踏实，身体重心移至左腿上，成右虚步，右脚随转体以脚掌为轴扭正；眼看右手。（图 6-3-7③④）

(3)上体微向左转，同时左手随转体向后上方划弧平举，手心向上，右手随即翻掌，掌心向上；眼随转体先向左看，再转向前方看右手。（图 6-3-7⑤）

(4)与(2)同解，只是左右相反。（图 6-3-7⑥⑦）

(5)与(1)同解。（图 6-3-7②）

(6)与(2)同解。（图 6-3-7③④）

(7)与(2)同解，只是左右相反。（图 6-3-7⑥⑦）

(8)上体微向右转，同时右手随转体向后上方划弧平举，手心向上，左手放松，手心向下。（图 6-3-7⑧）

动作要点：前推的手不要伸直，后撤的手也不可直向回抽，随转体仍走弧线。前推时，要转腰松胯，两手的速度要一致，避免僵硬。退步时，脚掌先着地，再慢慢全脚踏实，同时，前脚随转体以脚掌为轴扭正。退左脚略向左后斜，退右脚略向右后斜，避免使两脚落在同一条直线上。后退时，眼神随转体动作先向左右看，然后再转看前手。最后退右脚时，脚尖外撇的角度略大些，便于接做“左揽雀尾”的动作。

①右转翻掌 ②两手展开 ③撤步屈肘

④后坐推掌 ⑤两手展开 ⑥撤步屈肘

⑦后坐推掌 ⑧右转开臂

图 6-3-7 左右倒卷肱

7.左揽雀尾

(1)上体向右转,左手自然下落逐渐翻掌经腹前划弧至右肋前,手心向上;右臂屈肘,手心转向下,收至右胸前,两手相对成抱球状;同时身体重心落在右腿上,左脚收到右脚内侧,脚尖点地;眼看右手。(图 6-3-8①)

(2)上体微向左转,左脚向左前方迈出,上体继续向左转,右腿自然蹬直,左腿屈膝,成左弓步;同时左臂向左前方掤出(即左臂平屈成弓形,用前臂外侧和手背向前方推出),高与肩平,手心向后;右手向右下落放于右胯旁,手心向下,指尖向前;眼看左前臂。(图 6-3-8②)

图 6-3-8 左揽雀尾

动作要点：掤出时，两臂前后均保持弧形。分手、松腰、弓腿三者必须要协调一致。揽雀尾弓步时，两脚跟横向距离不超过10cm。

(3)身体微向左转,左手随即前伸翻掌向下,右手翻掌向上,经腹前向上、向前伸至左前臂下方;然后两手下捋,随即上体向右转,两手经腹前向右后上方划弧,直至右手手心向上,高与肩齐,左臂平屈于胸前,手心向后;同时身体重心移至右腿;眼看右手。(图 6-3-8③④⑤)

动作要点:下捋时,上体不可前倾,臀部不要凸出。两臂下捋须随腰旋转,仍走弧线。左脚全掌着地。

(4)上体微向左转,右臂屈肘折回,右手附于左手腕里侧(相距约 5cm),上体继续向左转,双手同时向前慢慢挤出,左手心向后,右手心向前,左前臂要保持半圆;同时身体重心逐渐前移变成左弓步;眼看左手腕部。(图 6-3-8⑥⑦)

动作要点:向前挤时,上体要正直,挤的动作要与松腰、弓腿相一致。

(5)左手翻掌,手心向下,右手经左腕上方向前、向右伸出,高与左手齐,手心向下,两手左右分开,宽与肩同;然后右腿屈膝,上体慢慢后坐,身体重心移至右腿上,左脚尖翘起;同时两臂屈肘回收至腹前,手心均向前下方;眼向前平看。(图 6-3-8⑧⑨⑩)

(6)上式不停,身体重心慢慢前移;同时两手向前、向上按出,掌心向前;左腿前弓成左弓步;眼平看前方。(图 6-3-8⑩⑪)

动作要点:向前按时,两手须走曲线,手腕部高与肩平,两肘微屈。

8. 右揽雀尾

上体后坐并向右转,身体重心移至右腿,左脚尖里扣,右手向右平行划弧至右侧,然后由右下经腹前向左上划弧至左肋前,手心向上;左臂平屈胸前,左手掌向下与右手成抱球状;同时身体重心再移至左腿上,右脚收至左脚内侧,脚尖点地;眼看左手。。(图 6-3-9①②)

动作要点:均与“左揽雀尾”相同,只是左右相反。(图 6-3-9③～⑬)

①后坐扣脚　②右转开臂　③收脚抱球
④弓步掤臂　⑤随臂展掌　⑥左转翻张
⑦后坐下捋　⑧右转搭腕　⑨弓步前挤
⑩手臂前展　⑪后坐屈肘　⑫两手下按
⑬弓步推掌

图 6-3-9　右揽雀尾

9.单鞭

(1)上体后坐,身体重心逐渐移至左脚上,右脚尖里扣,同时上体左转,两手(左高右低)向左弧形运转,直至左臂平举,伸于身体左侧,手心向左,右手经腹前运至左肋前,手心向后上方;眼看左手。(图 6-3-10①②③)

(2)身体重心再渐渐移至右腿上,上体右转;左脚向右脚靠拢,脚尖点地,同时右手向右上方画弧(手心由里转向外),至右侧方时变勾手,臂与肩平;左手向下经腹前向右上划弧停于右肩前,手心向里;眼看左手。(图 6-3-10④⑤)

①后坐扣脚 ②左转云臂 ③举臂翻掌

④右转云臂 ⑤收脚勾手 ⑥左转出步

⑦弓步推举

图 6-3-10 单鞭

(3)上体微向左转，左脚向左前侧方迈出，右脚跟后蹬，成左弓步；在身体重心移至左腿的同时，左掌随上体的继续左转慢慢翻转向前推出，手心向前，手指与眼齐平，臂微屈；眼看左手。（图 6-3-10⑥⑦）

动作要点：上体保持正直、松腰，完成势时，右臂肘部稍下垂，左肘与左膝上下相对，两肩下沉。左手向外翻掌前推时，要随转体边翻边推出，不要翻掌太快或最后突然翻掌。全部过渡动作上下要协调一致，如面向南起势，单鞭的方向（左脚尖）应向东偏北。（大约为 15°）

10. 云手

(1)身体重心移至右腿上，身体渐向右转，左脚尖里扣；左手经腹前向右上划弧至右肩前，手心斜向后，同时右手变掌，手心向右前；眼看左手。（图 6-3-11①②③）

(2)上体慢慢左转，身体重心随之逐渐左移；左手由脸前向左侧运转，手心渐渐转向左方；右手由右下经腹前向左上划弧，至左肩前，手心斜向后；同时右脚靠近左脚，成小开立步(两脚距离 10～20cm)；眼看右手。（图 6-3-11④⑤）

(3)上体再向右转，同时左手经腹前向右上划弧至右肩前，手心斜向后；右手向右侧运转，手心翻转向右；随之左腿向左横跨一步；眼看左手。（图 6-3-11⑥⑦）

(4)与(2)同解。（图 6-3-11⑧⑨）

(5)与(3)同解。（图 6-3-11⑩⑪）

动作要点：身体转动要以腰脊为轴，松腰、松胯，不可忽高忽低。两臂随腰的转动而运转，要自然圆活，速度要缓慢均匀。下肢移动时，身体重心要稳定，两脚掌先着地再踏实，脚尖向前。眼的视线随左右手而移动。第三个“云手”，右脚最后跟步时，脚尖微向里扣，便于接“单鞭”动作。

11. 单鞭

(1)上体向右转，右手随之向右运转，至右侧方时变成勾手；左手经腹前向右上划弧至右肩前，手心向内；身体重心落在右腿上，左脚尖点地；眼看左手。（图 6-3-12①②）

(2)上体微向左转，左脚向左前侧方迈出，右脚跟后蹬，成左弓步；在身体重心移至左腿的同时，上体继续左转，左掌慢慢翻转向前推出，成“单鞭”势。（图 6-3-12③④）

动作要点：与前“单鞭”势相同。

①右转落手
②左转云手
③并步按掌
④右转云手
⑤出步按掌
⑥左转云手
⑦并步按掌
⑧右转云手
⑨出步按掌
⑩左转云手
⑪并步按掌

图 6-3-11 云手

图 6-3-12 单鞭

12. 高探马

(1)右脚跟进半步，身体重心逐渐后移至右腿上；右勾手变成掌，两手心翻转向上，两肘微屈；同时身体微向右转，左脚跟渐渐离地；眼看左前方。(图 6-3-13①)

(2)上体微向左转，面向前方；右掌经右耳旁向前推出，手心向前，手指与眼同高；左手收至左侧腰前，手心向上；同时左脚微向前移，脚尖点地，成左虚步；眼看右手。(图 6-3-13②③)

动作要点：上体自然正直，双肩要下沉，右肘微下垂。跟步移换重心时，身体不要有起伏。

13. 右蹬脚

(1)左手手心向上，前伸至右手腕背面，两手相互交叉，随即向两侧分开，并向下划弧，手心斜向下；同时左脚提起向左前侧方进步(脚尖略外撇)；身体重心前移，右腿自然蹬直，成左弓步；眼看前方。(图 6-3-14①②)

①跟步展手　②左转屈肘　③虚步推掌

图 6-3-13　高探马

①上步合手　②弓步分掌　③屈膝合手

④提膝合抱　⑤右转举臂　⑥分手蹬脚

图 6-3-14　右蹬脚

(2)两手由外圈向里圈划弧,两手交叉合抱于胸前,右手在外,手心均向后;同时右脚向左脚靠拢,脚尖点地;眼平看右前方。(图 6-3-14③)

(3)两臂左右划弧分开平举,肘部微屈,手心均向外;同时右腿屈膝提起,右脚向右前方慢慢蹬出;眼看右手。(图 6 3-14④⑤⑥)

动作要点:身体要稳定,不可前俯后仰。两手分开时,腕部与肩齐平。蹬脚时，左腿微屈，右脚尖回勾，劲使在脚跟。分手和蹬脚须协调一致，右臂和右腿上下相对。如面向南起势，蹬脚方向应为正东偏南(约 30°)。

14. 双峰贯耳

右腿回收，屈膝平举，左手由后向上、向前下落至体前，两手心均翻转向上，同时向下划弧分落于右膝盖两侧；眼看前方。右脚向右前方落下，身体重心渐渐前移，成右弓步，面向右前方；同时两手下落，慢慢变拳，分别从两侧向上、向前划弧至面部前方，成钳形状，两拳相对，高于耳齐，拳眼都斜向内下(两拳中间距离 10～20cm)；眼看右拳。(图 6-3-15①)

动作要点：完成势时，头颈正直，松腰松胯，两拳松握，沉肩垂肘，两臂均保持弧形。双峰贯耳势的弓步和身体方向与右蹬脚方向相同。弓步的两脚跟横向距离同“揽雀尾”势。

①弓步贯拳

图 6-3-15　双峰贯耳

15. 转身左蹬脚

(1)左腿屈膝后坐，身体重心移至左腿，上体左转，右脚尖里扣；同时两拳变掌，由上向左右划弧分开平举，手心向前；眼看左手。(图 6-3-16①)

(2)身体重心再移至右腿，左脚收到右脚内侧，脚尖点地；同时两手由外圈向里圈划弧合抱于胸前，左手在外，手心均向后；眼平看左方。(图 6-3-16②)

(3)两臂左右划弧分开平举，肘部微屈，手心均向外；同时左腿屈膝提起，左脚向左前方慢慢蹬出；眼看左手。(图 6-3-16③④)

动作要点：与右蹬脚势相同，只是左右相反。左蹬脚方向与右蹬脚成 180°（即正西偏北，约 30°）。

①左转分掌　②屈膝合手

③提膝合抱　④分手蹬脚

图 6-3-16　转身左蹬脚

16. 左下势独立

(1)左腿收回平屈，上体右转；右掌变成勾手；左掌向上、向右划弧下落，立于右肩前，掌心斜向后；眼看右手。（图 6-3-17①）

(2)右腿慢慢屈膝下蹲，左腿由内向左侧（偏后）伸出，成左仆步；左手下落（掌心向外）向左下顺左腿内侧向前穿出；眼看左手。（图 6-3-17②）

动作要点：右腿全蹲时，上体不可过于前倾。左腿伸直，左脚脚尖须向里扣，两脚脚掌全部着地，左脚尖与右脚跟踏在中轴线上。

(3)身体重心前移，左脚跟为轴，脚尖尽量向外撇，左腿前弓，右腿后蹬，右脚尖里扣，上体微向左转并向前起身；同时左臂继续向前伸出（立掌），掌心向右；右勾手下落，勾尖向后；眼看左手。（图 6-3-17③）

(4)右腿慢慢提起平屈，成左独立式；同时右勾手变掌，并由后下方顺右腿外侧向前弧形摆起，屈臂立于右腿上方，肘与膝相对，手心向左；左手落于左胯旁，手心向下，指尖向前；眼看右手。(图 6-3-17④⑤)

动作要点：上体要正直，独立腿要微屈，右腿提起时脚尖自然下垂。

①收脚勾手　②仆步穿掌

③弓步起手　④扣脚转身　⑤提膝挑掌

图 6-3-17　左下势独立

17. 右下势独立

(1)右脚下落于左脚前，脚掌着地，然后左脚前掌为轴脚跟转动，身体随之左转；同时左手向后平举变成勾手；右掌随着转体向左侧划弧，立于左肩前，掌心斜向后；眼看左手。(图 6-3-18①②③)

(2)同“左下势独立”解，只是左右相反。(图 6-3-18④)

(3)同“左下势独立”解，只是左右相反。(图 6-3-18⑤)

(4)同“左下势独立”解，只是左右相反。(图 6-3-18⑥)

动作要点：右脚尖触地后必须稍微提起，然后再向右仆腿。其他均与“左下势独立”相同，只是左右相反。

①落脚屈膝　②扣脚左转　③举臂勾手

④弓步起手　⑤扣脚转身　⑥提膝挑掌

图 6-3-18　右下势独立

18. 左右穿梭

(1)身体微向左转，左脚向前落地，脚尖外撇，右脚跟离地，两腿屈膝成半坐盘势；同时两手在左胸前成抱球状(左上右下)；然后右脚收到左脚的内侧，脚尖点地；眼看左前臂。(图 6-3-19①②)

(2)身体右转，右脚向右前方迈出，屈膝弓腿，成右弓步；同时右手由腹前向上举并翻掌停在右额前，手心斜向上；左手先向左下再经体前向前推出，高于鼻尖平，手心向前；眼看左手。(图 6-3-19③④)

(3)身体重心略向后移，右脚尖稍向外撇，随即身体重心再移至右腿，左脚跟进，停于右脚内侧，脚尖点地；同时两手在右胸前成抱球状(右上左下)，眼看右前臂。(图 6-3-19⑤)

(4)同(2)解，只是左右相反。(图 6-3-19⑥⑦)

动作要点：完成姿势面向斜前方(如面向南起势，左右穿梭方向分别为正西偏北和正西偏南，均约 30°)。手推出后，上体不可前俯。手向上举时，防止引肩上耸，一手上举一手前推要与弓腿松腰上下协调一致。做弓步动作时，两脚跟的横向距离同“搂膝拗步”势，保持在 30cm 左右。

①落步落手　②跟步抱球　③右转出步

④弓步架推　⑤跟步抱球

⑥左转出步　⑦弓步架推

图 6-3-19　左右穿梭

19.海底针

右脚向前跟进半步，身体重心移至右腿，左脚稍向前移，脚尖点地，成左虚步；同时身体稍向右转，右手下落经体前向后、向上提抽至肩上耳旁，再随身体左转，由右耳旁斜向前下方插出，掌心向左，指尖斜向下；与此同时，左手向前、向下划弧落于左胯旁，手心向下，指尖向前；眼看前下方。(图 6-3-20①②③)

动作要点：身体要先向右转，再向左转。完成姿势，面向正西，上体不可太前倾。避免低头和臀部外凸，左腿要微屈。

①跟步落手　②后坐提手　③虚步插掌

图 6-3-20　海底针

20.闪通臂

上体稍向右转，左脚向前迈出，屈膝弓腿成左弓步；同时右手由体前上提，屈臂上举，停于右额前上方，掌心翻转斜向上，拇指向下；左手上起经胸前向前推出，高于鼻尖平，手心向前；眼看左手。(图 6-3-21①②)

动作要点：完成姿势上体自然正直，松腰、松胯，左臂不要完全伸直，背部肌肉要伸展开。推掌、举掌和弓腿动作要协调一致。弓步时，两脚跟横向距离同“揽雀尾”势(不超过 10cm)。

21.转身搬拦捶

(1)上体后坐，身体重心移至右腿上，左脚尖里扣，身体向右后转，然后身体重心再移至左腿上；与此同时，右手随着转体向右、向下(变拳)经腹前划弧至左肋旁，拳心向下；左掌上举于头前，掌心斜向上；眼看前方。(图 6-3-22①②)

(2)向右转体，右拳经胸前向前翻转撇出，拳心向上；左手落于左胯旁，掌心向下，指尖向前；同时右脚回收后(不要停顿或脚尖点地)即向前迈出，脚尖外

①收脚举臂　②弓步架推

图 6-3-21　闪通臂

①后坐摆掌　②收脚握拳　③垫步搬捶

④出步拦掌　⑤弓步出拳

图 6-3-22　转身搬拦捶

撇；眼看右拳。（图 6-3-22③）

（3）身体重心移至右腿上，左脚向前迈一步；左手上起经左侧向前上划弧拦出，掌心向前下方；同时右拳向右划弧收到右腰旁，拳心向上；眼看左手。（图 6-3-22④）

（4）左腿前弓成左弓步；同时右拳向前打出，拳眼向上，高与胸平；左手附于右前臂里侧；眼看右拳。（图 6-3-22⑤）

动作要点：右拳不要握得太紧，右拳回收时，前臂要慢慢内旋划弧，然后再外旋停于右腰旁，拳心向上；向前打拳时，右肩随拳略向前引伸，沉肩垂肘，右臂要微屈。弓步时，两脚横向距离同“揽雀尾”势。

22. 如封似闭

（1）左手由右腕下向前伸出，右拳变掌，两手手心逐渐翻转向上并慢慢分开回收；同时身体后坐，左脚尖翘起，身体重心移至右腿；眼看前方。（图 6-3-23①②③）

①翻掌穿臂　②变掌分臂　③后坐屈肘

④落臂按掌　⑤弓步推掌

图 6-3-23　如封似闭

(2)两手在胸前翻掌,由下经腹前再向上、向前推出,腕部与肩平,手心向前;同时左腿前弓成左弓步;眼看前方。(图 6-3-23④⑤)

动作要点:身体后坐时避免后仰,臀部不可凸出。两臂随身体回收时,肩、肘部略向外松开,不要直着抽回,两手推出宽度不要超过两肩。

23. 十字手

(1)屈膝后坐,身体重心移至右腿,左脚尖里扣,向右转体;右手随着转体动作向右平摆划弧,与左手成两臂侧平举,掌心向前,肘部微屈;同时右脚尖随着转体稍向外撇,成右侧弓步;眼看右手。(图 6-3-24①②)

①后坐扣脚　②右转摆掌

③左转回抱　④收脚合手

图 6-3-24　十字手

(2)身体重心慢慢移至左腿,右脚尖里扣,随即向左收回,两脚距离与肩同宽,两腿逐渐伸直,成开立步;同时两手向下经腹前向上划弧交叉合抱于胸前,两臂撑圆,腕高与肩平,右手在外,成十字手,手心均向后;眼看前方。(图 6-3-24③④)

动作要点：两手分开和合抱时，上体不要前俯。站起后，身体自然正直，头要微向上顶，下颏稍向后收。两臂环抱时须圆满舒适，沉肩垂肘。

24. 收势

(1)两手向外翻掌，手心向下，两臂慢慢下落，停于身体两侧；眼看前方。(图 6-3-25①②③④⑤⑥)

动作要点：两手左右分开下落时，要注意全身放松，同时气徐徐下沉(呼气略加长)。呼吸平稳后，把左脚收到右脚旁，再走动休息。

①旋臂翻掌 ②直立分掌 ③垂臂按掌

④手落两侧 ⑤左脚回收 ⑥并步直立

图 6-3-25 收势

三、教学要点

1. 理解

太极拳是一种轻柔、缓慢的拳术。慢速运动的主要技术目的是为了体会动作如何协调用力，控制好身体动作，进而在快速动作中能够正确运用力量。慢速的太极拳套路动作及其快速格斗方法构成了太极拳拳种技术体系的重要内容。轻柔、缓慢只是太极拳拳种技术体系中一种特殊的运动形式。

2. 功用

拳术源于格斗技术，长期坚持锻炼能够改善身体体质、促进健康，尤其是太极拳缓慢的套路动作非常适合体弱多病的人进行练习。太极拳套路独特的运动形式蕴含着丰富的民族传统文化，在缓慢的动作中凝神静气、放空思想、思维内倾，时刻注意身体动作感受，体验动作技术的精细，体悟太极阴阳学说对技术的释读，达到身心双修的目的。

3. 教法

(1)快学慢练：慢速练习难于正常速度的动作。在初学太极拳时，学生应以正常的动作速度进行学习，待动作记熟之后再进行慢速动作练习。

(2)先方后圆：在初步学习太极拳时，教师多注意定势动作形态的规范，身体各部位的形态及其定位；待定势动作的形态基本规范后，应多强调单个动作的方法；在动作较为熟练时，应注重动作之间的连贯方法。

(3)打练结合：对拳术动作格斗方法理解有利于学生对动作的记忆和正确掌握技术要领。在教学的各阶段，教师应进行打法的讲授，并让学生进行练习。